发展，幼儿外语学习 35 问

发展科学家的建议

刘礼泉 著

上海社会科学院出版社
SHANGHAI ACADEMY OF SOCIAL SCIENCES PRESS

图书在版编目(CIP)数据

双语发展，幼儿外语学习 35 问：来自儿童发展科学家的建议 / 刘礼泉著 .— 上海：上海社会科学院出版社，2023
　　ISBN 978 - 7 - 5520 - 4092 - 0

Ⅰ. ①双… Ⅱ. ①刘… Ⅲ. ①外语课—学前教育—教学参考资料 Ⅳ. ①G613.2

中国国家版本馆 CIP 数据核字(2023)第 041843 号

双语发展，幼儿外语学习 35 问
——来自儿童发展科学家的建议

著　　者：刘礼泉
责任编辑：杜颖颖
封面设计：霍　覃
出版发行：上海社会科学院出版社
　　　　　上海顺昌路 622 号　邮编 200025
　　　　　电话总机 021 - 63315947　销售热线 021 - 53063735
　　　　　http：//www.sassp.cn　E-mail：sassp@sassp.cn
照　　排：南京理工出版信息技术有限公司
印　　刷：上海景条印刷有限公司
开　　本：890 毫米×1240 毫米　1/32
印　　张：6.5
字　　数：134 千
版　　次：2023 年 5 月第 1 版　2023 年 5 月第 1 次印刷

ISBN 978 - 7 - 5520 - 4092 - 0/G·1246　　　　　定价：42.00 元

版权所有　翻印必究

目 录

自序 / I
致谢 / I

引言 / 001

第一部分　这些说法是真是假

孩子为什么学外语？/ 015

    问题 1　让孩子达到双母语是个伪命题 / 015

    问题 2　学外语能让孩子变得更聪明 / 020

    问题 3　在孩子各项能力的培养中，语言能力最
             重要 / 028

宝宝如何学外语？/ 032

    问题 4　孩子越早学外语越好 / 032

问题 5　孩子其他领域的发展也能变相促进外语
　　　　学习 / 039

问题 6　为保效率,孩子最好不要同时学习几种
　　　　外语 / 043

问题 7　孩子结伴学习会相互影响,降低学习效率 / 047

学外语的相关影响 / 050

问题 8　孩子学外语,母语发展会放缓 / 050

问题 9　方言不算外语(另一门语言),没必要学
　　　　方言 / 054

问题 10　父母自己不说外语,没法培养出外语好的
　　　　　孩子 / 059

问题 11　性别、性格、天生属性会影响孩子的外语
　　　　　学习 / 064

第二部分　我们最关心的外语学习问题

问题 12　孩子学外语成功的主要因素有哪些? / 075

问题 13　孩子学外语的主要挑战是什么? / 082

问题 14　早教机构纷纷落幕,孩子怎么系统学
　　　　　外语? / 086

问题 15　孩子学了外语,但平时不愿意说怎么办? / 089

问题 16　育儿问题,听大数据的,育儿书的,知乎的,
　　　　　还是网红专家的? / 094

问题17　面对五花八门的外语读物、产品，我们怎么选？/ 102

问题18　用电子产品、手机应用帮助孩子学习外语是利是弊？/ 109

问题19　孩子的游戏时间重要吗？学外语有哪些亲子游戏的方式？/ 112

问题20　胎教、手语、睡眠学习法分别是什么？对孩子学习有帮助吗？/ 117

问题21　孩子最多可以学几门语言？/ 121

问题22　学习多门语言的孩子，在哪些方面表现得更好？/ 122

问题23　学太多语言会影响数理思维的发展吗？/ 123

问题24　孩子不肯开口，要不要干预治疗？/ 124

第三部分　我们一般想不到，但却是十分关键的问题

问题25　除了英语，还有哪些外语值得学习？有没有更优选？/ 131

问题26　从语言相似度的角度来说，说汉语的孩子学哪些外语比较省力？/ 135

问题27　手语和计算机语言算不算外语？/ 139

问题28　如何将外语与实际需求对接？/ 140

问题29　了解外国文化对学外语有帮助吗？/ 146

问题30　家有双宝多宝，孩子的外语学习进度一样

吗？/ 149

问题 31　疫情期间，如何减少孩子学外语的负面影响？/ 152

问题 32　去国外旅游能提高孩子的外语能力吗？值得吗？如何计划？/ 154

问题 33　孩子外语学习的本质是什么？如何在本质上下功夫？/ 157

问题 34　孩子有语言天赋吗？如何测量孩子的语言能力？/ 162

问题 35　孩子外语不好也 OK？未来科技、人工智能……是否意味着孩子不用再学外语？/ 165

第四部分　精彩加映

外语资源推荐 / 173

亲子游戏推荐 / 176

结语：为了未来 / 182

笔者文献 / 184

参考文献 / 190

后记 / 195

自　　序

一般人不看序，您却看了，那恭喜您。同时也恭喜您看对了书，选对了人也就是笔者我。不过我是谁不重要，我社恐。

这书前几稿，大家的反馈都是太学术，不接地气，爸爸妈妈们会看不懂。然后，我就做了一件我常做的事：化繁为简。我把学术语言替换成白话俗话，但绝不是假话空话。本书有据可考，基于实证，只说实话。我们平时工作、带孩子辛苦，我在写这书的时候，就想着怎么样能让大家在接受知识的时候还能舒心、放心、开心。而我也能顺便吐槽、搞笑、做自己。我还尽量把科学研究转化为实践，让家长们能根据本书的内容实际操作、现身说法。

现在大家做事情都是结果论，一个劲地往钱眼里钻。可人生其实是一个过程，不是结果。养娃是这样，学外语也是这样。我们要尽量享受这个过程。关于孩子学外语这件事情，其实和天下事大抵相同，坚持就是胜利，付出就有回报。我们要撸起袖子加油干。

每个孩子都是独立的个体,有着自己的个性。但每个孩子也都是人,有着人类发展的共性。我们在针对自己孩子的培养时,要结合个性和共性。既不要一刀切,只看共性、不顾个体需求,也不要一叶障目,觉得只有自己的孩子最特别,忽略了儿童感知、学习、发展的宏观方向。

刘礼泉

2023 年 1 月 30 日

致　　谢

本书能面世需要大谢四方。

向北,我感谢一众科研机构。如果没有欧盟委员会和欧洲研究委员会的协助,本书不会面世。我感谢玛丽居里委员会的同仁,也感谢奥斯陆大学、乌特勒支大学和西悉尼大学的同事们、学生们对我科研之路的支持。

向西,我感谢上海社会科学院出版社的杜颖颖老师,联合出版集团的周晟老师,澳门大学张璟玮老师,上海师范大学胡双双老师,广州大学谢爱磊老师,华东师范大学韩蒙如老师,北京语言大学范山山老师、陈傲老师,复旦大学李昕老师,北京大学魏一璞老师的支持。我写惯了科学文献,却不熟悉科普读物。没有大家的帮助,本书的语言会晦涩干巴。感谢大家来找茬。

向东,我感谢在天上遥望的爷爷刘文干、奶奶张健民。你们在我父亲外出务工,母亲多病的情况下,养育了我的前半生。你们设定了我的人生观,让我成了一个尽量对社会有用的人。外公张志坚、外婆朱美芳，你们是劳动模范，也是鼓舞我的榜样。我伟大的父亲刘保尔、我常年患病的伟大母亲张瑾，你们忍受骨肉分离之苦、始终支持我的科研工作，尤其是新冠肺炎疫情暴发时，不论是科研还是见家人都变得十分困难。你们的奉献指导我如何做人，你们的无私教会我为人民服务。没有你们的牺牲，我不会有时间去搞科研。就如同孩子给予了我们存在的价值，你们的存在也赋予了我人生的意义。我感谢以最高效率打世界级酱油的徐晨，也感谢沃尔玛的同事和初高中、大学同学，在我的人生路上不离不弃。我爱你们。同时感谢所有在当今社会没有为了欲望而迷失的人。每日三省吾身，才能在这浮躁的社会中笑看云风、负重前行。

生如南柯本无义
一骑红尘含笑意
欲寄科研年岁短
夏花冬草不留遗

向南，我感谢读者您选择此书、选择我、选择科学。本书不是"走近科学"，而是身在科学中去探求儿童发展的庐山真面目。

致谢之余不忘致歉。本书是我的处女作，语言风格随意，内容长短不一，作者笑点过低，又沉迷如懿甄嬛，以至于言语略带妖娆古风，望您不弃。如果实在不适应的话……吐啊吐的就习惯了。

引 言

孩子学外语,父母有底气

为了孩子的外语学习,父母要心中有底。这里我们提四个底。

> 一、行动力

理想很丰满,现实很骨感。养孩子,父母家人轮轴转,根本没有时间和精力考虑各种事情。即使如此,关心孩子的教育还是共识。我们需要挤出自己的时间,投资孩子的未来。在实际操作上,可以把给孩子的外语体验当作一种亲子活动来进行。

> 二、科学观

邓小平同志曾说,实践是检验真理的唯一标准。这也是本书的标尺。我们不引用网红专家的言论,只谈当今科学界的看法。相关科学依据会作为参考文献列在文章的最后。

许多家长喜欢听别人孩子的故事，看别人家长的经验之谈。我们会举一些个别案例，尤其是社会反响较大、较为著名的事件。但本书主要内容是基于基础科学对共例的研究，即从对许多孩子的研究中得到的普遍的经验、规律。

▶ 三、开明

事物都有先决条件，比如其发生时所处的时间、空间以及目前人类对事物的认知程度等。比如男女地位，在不同时期、地区情况都大为不同。虽然目前，我们说妇女能顶半边天，但在现实生活中，鸡毛蒜皮、持家育儿，妈妈总是比爸爸有着更多的事情要处理。做个开明的人，第一点就是要了解世事无绝对，要根据自身所处的情况来理解事情。

本书反映的是目前科学界对儿童发展的看法。有些看法也许与你的想法相同，有些也许不同。做个开明的人。第二点就是要与时俱进，对新事物、新观点持谨慎开明的态度。既不盲信权威，又不过度猜疑，要有逻辑地思考问题。

▶ 四、非内卷

在这个内卷盛行的年代，有人选择躺平，有人选择到其他环境生活，结果发现换汤不换药，一样卷。很多家长把校外的学习内容都作为内卷来看待。这种看法有一定的局限性。我们认为，对孩子教育的重视不是内卷。因为孩子无时无刻不在从周遭环境中汲取知识(Liu & Kager, 2017),他们的头脑和身体也无时无刻不在成长。在孩子最需要知识的时候,给幼教贴个内卷的标签而反对它,放任孩子自流,不能算是好的做法。我们也要摒弃"树大自然直"的观念。这个观念其实是变相把孩子的学习责任抛给了社会,因为孩子只能从观察他人中有样学样。可即使家庭"直",社会也未必"直"。孩子学到的未必是好的。

综上所述,我们要在家庭条件允许的范围内,尽量利用孩子学习的黄金年龄,促进他们吸收新知。助孩子一臂之力不一定非要父母有钱、懂外语。即使家里资源紧张,也有不用花钱就能学外语的方法。

双语习得影响小结与系统模型

➤ 双语影响

早早学外语,孩子会处在一个双语言或多语言的环境中。这种环境为孩子们带来的一系列影响,不只在于语言,而是跨领域的,对孩子的认知、感知、脑发育、社会性发展等都有一定程度的影响(图1)。

我们从跨领域的影响中,进一步发现了一些共性、共通点,而这些共通点也代表了双语环境所带来的好处。这些共性、好处包括了譬如对外界的敏感程度(注意力更集中,对语

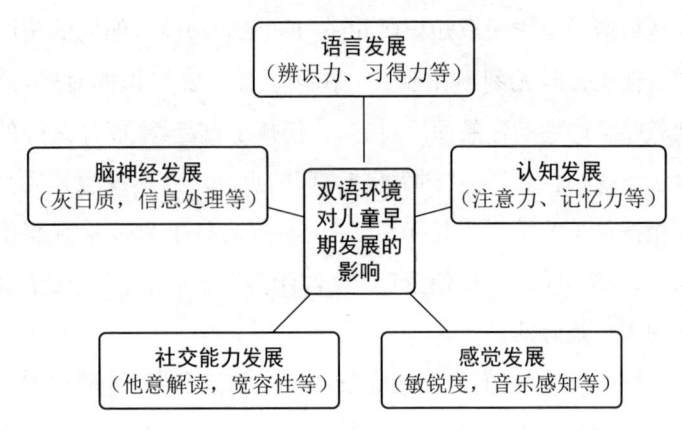

```
                    语言发展
                  （辨识力、习得力等）
                         │
    脑神经发展        ┌──────┐        认知发展
  （灰白质,信息处理等）│双语环境│    （注意力、记忆力等）
                    │对儿童早│
                    │期发展的│
                    │ 影响  │
    社交能力发展      └──────┘        感觉发展
  （他意解读,宽容性等）              （敏锐度、音乐感知等）
```

图 1　儿童早期双语接触对语言、认知、感知、社会与脑发育都有影响。(Liu & Zhang, 2022)

言和音乐的感知能力更强）、自身的灵活性（更为灵活的语言、认知、社会交流能力，更发达的脑组织）、信息处理能力（更有效的屏蔽无关信息），以及学习效率（更好的记忆力）等（图 2）。

▶ 双语模型

从图 1 图 2 可以看出，双语环境与儿童发展两者是紧密交叉、相辅相成的。环境为孩子带来了一系列语言与社会功能性的变化，进一步影响他们的脑信息处理的能力及认知等各领域的发展。这些发展也反过来作用于儿童语言、社会能力的发展，相辅相成，形成一个交互循环的前进局面（图 3）。

图 3 里的模型给我们的启示，是双语环境就像是一块融化的奶酪或是拔丝地瓜。这是因为语言发展和其他领域的发展几乎全部相通（除了和儿童身体发展没什么关系）。因此，

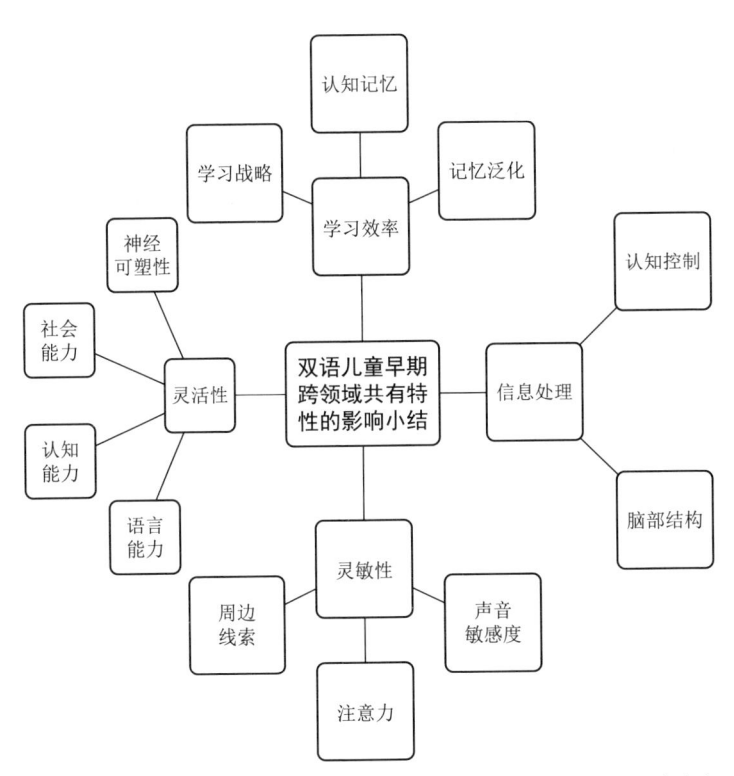

图 2 双语儿童早期跨领域共有特性、共通点的影响总结。共性中包括了双语儿童的学习效率、学习方式、灵活性、灵敏性、信息处理能力等。(Liu & Weidemann, 2017)

语言学习的进度和效率也和其他领域的发展有着千丝万缕的联系。从这些联系里,我们既能看出语言学习的重要性,又需要思考如何让孩子系统性的学语言、学外语,因为孩子其他层面的发展也会反过来影响语言发展。这也造成了图 2 中出现的,跨领域的特性重叠,形成共性。总的来说,双语环境对语言和儿童发展有着全方位的、积极的影响。

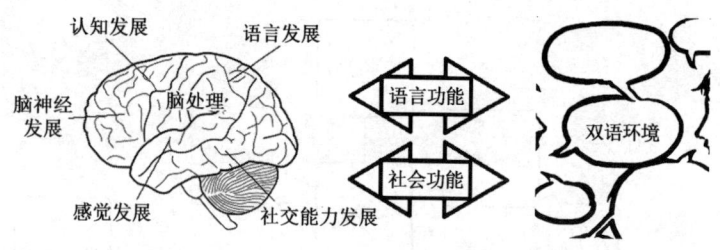

图3 双语环境对儿童早期发展影响的交互性模型。(Liu & Zhang, 2022)

▶ 模型基础

图3中双语模型的基础是"统计学习"的理论机制。简而言之,人类的大脑无时无刻不在记录并计算着周边环境的情况、事物出现的概率,以便于随时随地应对各种突发事件。如果要打个比方,我们的大脑就像计算机的后台程序,自动计算、学习、处理信息。我们从小到大,大脑一直孜孜不倦地运行。千万不要以为孩子太小,在襁褓之中什么都不懂,而白白浪费了他们认知能力发展的宝贵时间。实验发现刚出生两个月大的孩子,在睡梦中就能快速统计学习语言(Wanrooij et al., 2014)。小宝宝的自我学习能力,自我优化程度,十分惊人。

既然孩子们拥有如此强大的学习机制,每时每刻都在积累经验。我们该如何应对呢? 能给力时就给力,给孩子提供学习资源,不过要量力而行。因为现代社会已是压力满满,如果父母已经满负荷,就不要再给自己更大的负担。儿童发展和诸多因素相关。一个健康向上、积极乐观的生活环境对孩子的发展同样重要。言传身教,我们才是孩子最好、最重要的老师。

走进孩子的脑发展

说实话,这个引言可能比正文还重要。虽然看不见摸不着,但孩子的脑发育正是他们一切发展的基石。虽然科学界对婴幼儿脑发育的理解还谈不上完善,但得益于现代科技的发展和科研人员的不懈努力,我们已经在很大程度上理解了儿童脑发育的大致过程,以及脑发育对儿童各项能力发展的重要性。这个引言中会出现一些专有名词。

➢ 脑发展基本原理

脑发展涵盖脑部各个区域。脑区域之间与人类各项认知功能有一定的联系,比如大脑的额叶与颞叶就对应了语言功能的许多方面。不过大脑各个区域与人类各种认知功能并不是一一对应的关系,人类的各种行为活动几乎都涉及复数脑区域的联动,是许多神经细胞一起参与的结果。以大脑皮层为例,大脑皮层上有许多褶皱,这些褶皱在微观世界下就像山峦,极大地增加了大脑皮层的表面积。大脑通过称为神经元的神经细胞网来处理外界信息。神经元由细胞体和从其延伸的分支状结构组成,包括树突、轴突及轴突上的髓鞘。神经细胞之间使用电化信号相互通信。

那么儿童的大脑与成人有何不同之处呢？

第一个不同点是灵活性。

成年人如果中风，脑组织中溢血或是缺氧的部分就可能受损，随之而来的是部分人体机能的丧失，比如说话变得不利索，或是走路有困难。这些人体机能的丧失一般难以恢复，需要病患持续的康复训练、慢慢调节改善。

而在大脑发育初期，即使婴幼儿因病变等原因不得不切除部分脑组织，原来被切除区域相对应的认知功能，也可以转移到其他尚未被切除的位置。其恢复速度和程度也比成年人要灵活得多。在大脑发育成熟，对信息的分析处理方式定型后，这种脑功能的转移就变得十分困难了。

第二个特点是其生长性。

儿童的大脑在出生时已经拥有它将拥有的几乎所有神经元。而大脑容量在孩子出生后一年内即翻倍，在出生三年后已达到成人容量的五分之四。最为重要的是，此时儿童大脑中突触形成的速度比其他任何时间都快。其数量可以达到成年人的两倍。这些多余的突触联系在童年和青春期逐渐消减，形成更高效，但也更为定性（不如之前灵活）的网络结构。

➤ 健康是基础，基因是蓝图，经历是砖瓦

孩子要健康，母亲首先要健康。母亲自孕期起就需远离包括烟酒一类的有害物质，避免生理或心理伤害。是的，说到身心健康，大家都在注意身体健康，可是心理健康其实一样重

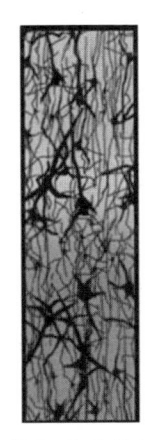

图4 突触密度示意图：左为出生时，中为两岁时，右为成人时。(Corel, 1975)

要，尤其是现在这个压力极大的年代。从母亲孕前到孩子降生后，健康的饮食、均衡的营养、定期的保健、有效的疫苗、安全而舒心的环境，都有助于预防保护孩子的大脑健康，减少各种因为疾病、并发症或其他风险所引发的影响。

除了营养与健康，大脑在儿童时期产生多余的突触是大脑发育中遗传与环境因素相互作用的结果。发育的早期阶段受遗传因素的强烈影响。基因在大脑中引导新形成的神经元的位置并调节它们的相互作用。但基因更像一幅蓝图，并没有把大脑的细节设计完全定死，而是让大脑根据所接收到的外界信息进行相应的调整。孩子的感官就是接收器。它们向大脑报告孩子所处的环境和经历。

大脑接收到的信息刺激着神经活动。比如孩子听到外界的语言，就会刺激与语言相关的大脑区域的活动。听到语言更多,该区域中的神经元之间的突触也就会更频繁地被激活。被反复激活的突触会增强,而不怎么被使用的突触就变弱乃至消失(比较图 4 中右图)。突触强度与孩子的学习、记忆和其他认知能力的网络连通性、效率息息相关。儿童的经历不仅决定了什么信息进入他们的大脑,更影响着他们大脑处理信息的方式。

适者生存。儿童早期多余的突触联系使大脑对外部环境异常敏感,能更好地捕捉信息。从儿童到成人消减的突触,降低了大脑的可塑性。但可塑性虽然降低了,也导致了孩子形成最适合他们身处环境、相对优化的大脑。对于希望大脑持续灵活可塑的科学家来说,如何延长或维持大脑的可塑性,便成了人类进化发展的关键课题(Reh et al., 2020; Werker & Hensch, 2015; Werker & Tees, 2005)。

➤ 儿童脑发展简明

一岁前的孩子可以习得人脸以及面部表情的识别,快速发展肢体活动技能,视力趋于成人化,总认知能力提高。此时,外界环境中语言对他们的影响非常强烈,尤其是对母语的感知。

二岁前的孩子,大多会经历词汇量飙升的一个阶段,大脑也能执行更为复杂的任务。其自我意识,包括对自己的感知、情绪和意图的理解都会深化。

三岁前孩子的突触密度处于巅峰时期。他们的认知能力被继续巩固,能利用过去的知识理解当下的情况,对事物的因果关系有进一步的理解和认识。

不管是零到三岁还是三到六岁,学龄前的时光就是儿童脑发展、学习的黄金阶段。

➤ 总结与建议

人生初期,大脑收到的信息会对其产生巨大的影响。早期经历影响着儿童的脑发展,而脑发育又奠定了人类适应性和灵活度。若孩子在发展早期信息量不足,或是持续地受到负面信息的影响,这其中的潜在影响、危害也将影响其一生。

我们可以多陪孩子说话、阅读、玩耍、歌舞、注意观察培养他们的技能和兴趣。一个良好的社会,应该给孩子一个有爱、健康、稳定的成长环境。在安全的环境中成长和学习,能让孩子有充足的机会探索周遭环境。如果忽视孩子的心理,或是让他们经常处于充满压力、焦虑、恐惧、没有安全感的环境中,都会对孩子大脑的发展产生长期、负面的影响。

理解了这一点,家庭、社会都要利用儿童发展的黄金时间段这个机会,从一开始就积极地引导儿童,确保其大脑的良好成长,充分发挥其潜力,为孩子未来的成功和幸福打下坚实的基础。

第一部分
这些说法是真是假

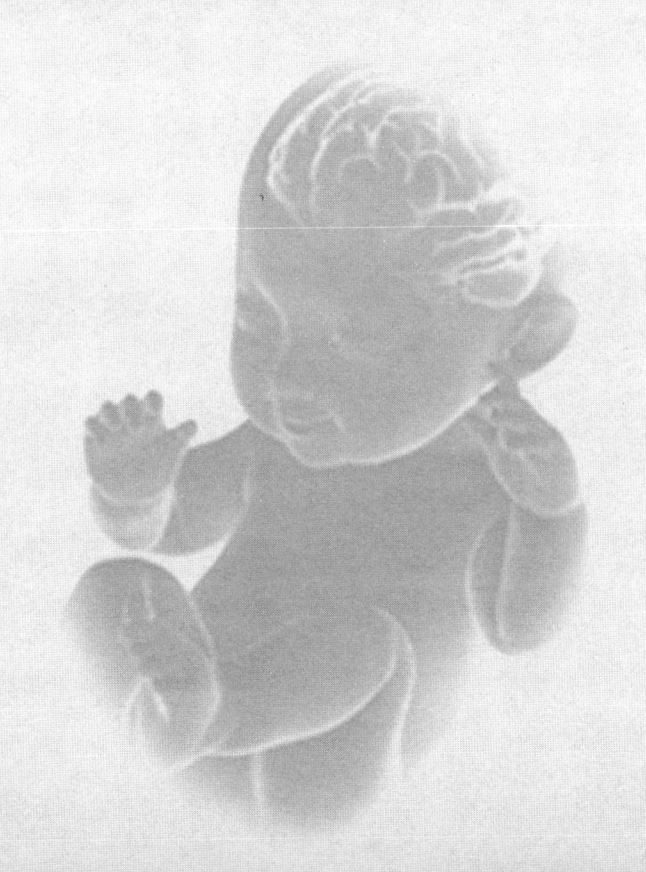

孩子为什么学外语？

问题 1 　让孩子达到双母语是个伪命题

答案:假。

有人认为孩子达到双母语是个伪命题,因为每个人只能将一门语言掌握到母语的程度。我们把这个问题拆分成三点来分析。
- 让孩子达到双母语是不是一个伪命题？
- 让孩子达到双母语是不是很难？
- 如果很难,是不是应该放弃学两个语言,先学好一门语言再说？

> 一、让孩子达到双母语是不是伪命题？

不是。认为是的父母,一般有着自己或身边的一些案例。认为不是的原因也很简单,因为说双母语甚至多母语的孩子在国外是很常见的。这些孩子的家庭,有些父母说不同的语言,有些所住的国家与地区说不止一门语言。

拿新加坡来举例。在新加坡,许多人以说中文、印地语等母语为主,然后再说英语为辅。但也有许多人,一出生就使用双母语。在以李显龙总统为代表的精英阶层里,双母语者比比皆是。有人说新加坡的开国总统李光耀先生,在制定语言国策时,使用英语为国家语言的原因之一,是因为发觉能自由使用两种语言的人很少。这个说法不准确。新加坡采取技术精英执政的社会策略,并将大量的经费投入对双语言发展的科学研究,特别是针对儿童双语言发展,开设了多个国家级的研究,用实际行动说明新加坡对双语言发展的重视。

加拿大魁北克省,以法语为主、英语为辅,也不乏有许多双母语的家庭。
图片来源:Voilà México

新加坡前总统李光耀先生，在公开演讲中多次提到，新加坡使用英语的主要原因是为了团结，让来自各种文化和语言背景下，使用包括中文、马来语、泰米尔语、印地语等各种语言的新加坡人民能够自由交流。新加坡明明以说中文的华人为主，却不偏袒中文、不排挤说其他母语的人。这个策略和中国使用普通话作为官方语言，而各地区民族的人民使用自己的方言这样的政策是相似的。

➤ 二、让孩子达到双母语是否很难？

这个问题的答案取决于我们对母语的定义。如果把这个概念局限了，一定要孩子从出生开始就对两种语言进行接触，让他们对两种语言对应的社会文化都掌握精通，那达到这个程度的孩子自然少些。即使是在一些说双语言的地区，孩子也未必能完全掌握双母语。比如在西班牙以巴塞罗那为代表的加泰罗尼亚地区，大部分孩子还是以加泰罗尼亚语为主，西班牙语为辅，而不是两者齐头并进。如果把对母语的定义放得很宽，那么中国大部分有着浓厚地域文化、说地方方言和普通话的孩子，其实也可以算得上是双母语。这包括了我们大部分人。

但是我们其实不关心定义、概念的问题。我们关心的是程度的问题。接触学习一门语言到什么程度才算是掌握到母语的地步。在国内，虽然大家都要学习外语，但要让孩子的英语达到和中文一样的水平的确很难。即使有些人移民去了美国、澳大利亚等说英语的国家，一家人也往往住在说中文的华人社区中，并没有完全脱离使用中文的习惯。换句话说，我们孩子的英语接触程度往往不足以达到母语的水平。

有些家长说，那拜托给学校、教育机构就好了吧。其实教育机构对低年龄段儿童学习的影响只占三成左右，家庭和社会才占孩子们认识、学习这个世界的大头。这也是为人父母的伟大。我们可以为了孩子，任劳任怨、无私奉献、辛勤付出。

图片来源：dogsloveusmore

➤ 三、如果难，是不是应该放弃第二语言，先学好第一语言？

不应该。即使外语程度不足也无需放弃，持续接触就好。比别人的孩子差一点如何？外语有一点中国口音又如何？学习的关键是让孩子去接触、去感受这个世界，理解它的不变与万变。这也包括了学习语言。语言不止一种，早学比晚学容易多了。因为学外语比较困难而不去给孩子创造学习外语的机会无疑是因噎废食。中国女排前主教练、前国手郎平曾说,女排精神,不是赢得冠军,而是遇到困难永不放弃,努力去赢。这种体育精神可以用在我们生活、工作的方方面面,包括育儿、学语言。

如果身在国内,我们没有必要纠结于一个想法,就是一定要让孩子的外语(通常是英语)达到和中文一样的程度。因为光是学外语这件事本身,就已经会给孩子的认知发展、思维模式带来很大的拓展与提高。了解世界上不止一门语言、一种文化,能够让孩子们有更强的包容、理解力,考虑事情时会更灵活、更全面。

在孩子还小时,我们要积极参与孩子的学习,这可以增强他们的学习效率,培养亲子关系,还可以顺便搞活自己的大脑,一举多得。什么叫搞活自己的大脑?我们的大脑其实在青年期结束后就开始不停退步,只是从青年到中年时退步程度较小,且与此同时也增加着人生阅历,辅助着自己的人生旅程,到了老年才感觉更为明显。活到老,学到老,这句俗话有很大的道理。多用脑,防衰老。

如果身在国内,但希望孩子能更多地了解世界各地的文化风情,我们也可以循序渐进,现在先安排一定程度的接触,之后在孩子成长的过程中会渐渐走向社会、走出国门,对文化上的差异接触更多。如果家庭移民国外,孩子很可能在刚开始时外语不好、在学校起点低,但后期在外语大环境中孩子会自行调整跟上,我们反而可能需要根据孩子的自身情况,适时反抓孩子的中文,尤其是读写能力。这个反抓和孩子年龄相关。移民国外年龄越小、越需要反抓中文。

孩子潜力无限,我们要抓住这来之不易的机会,冷静判断、科学育儿,根据当地的社会现实,从容应对孩子的外语学习,不错过孩子发展的好时机。哪怕科技发展,学习外语的好处,也不是未来人工智能语言翻译系统可以轻易取代的。我们会在本书后文中娓娓道来。

问题 2　学外语能让孩子变得更聪明

答案:是,有限。

为了解答这个问题,我们需要理解:
● 学外语使孩子变聪明的三个层面
● 变聪明本身的正反两面
● 变聪明的限度(即能变多聪明)

➤ 学外语使孩子变聪明的三个层面

第一层,语言技能。

一门语言看似规则简单,实则变化万千。学好母语都需要许多年,更不用说学外语了。比如老外刚学中文时,对四个声调总是十分挣扎。一个成年人要是想学好一个外语,需要投入很多时间和精力。孩子学语言虽然比成年人优势来得大一些,但也需要日积月累,方显成效。

从听说读写到理解应用,一门语言系统本身有许多层面。如果做不到在所有层面都能精通,哪怕只在其中的一个或几个环节上有所进步,在未来有精益求精的空间,也是好的。比如孩子的外语口语能力,先力求早早做到能够和老外交流沟通。即使不能做到舌灿莲花,如滔滔江水连绵不绝,也不要紧,先能开口,愿意开口就行。这也从侧面意味着,我们在孩子还小的时候就投资时间、精力到他们的外语学习中,是十分值得的。

第二层,语言关联。

孩子学外语,收获的不仅仅是多一门语言,对其他方面的认知功能也多有助益。举个最简单的例子,语言能力和音乐能力有相通性。大脑对音乐与语言规则的处理也有很多的重叠。研究表明,说中文的人对音乐会更加敏感,因为汉语里有声调,和音乐的调子很相似。比起说一门语言的孩子,会说两种或两种以上语言的孩子,对新语言或是音乐都会更敏感(Liu & Kager, 2017)。

又比如,语言是认知的一部分,孩子的语言发展与他们的认知发展有着千丝万缕的联系。在认知发展中,孩子的心智发展程度决定了他们理解自己以及自己身边人们心理、心情的能力。孩子听不听话,是不是能够换位思考、以己度人,知道自己的行为会影响别人,这些都和他们理解别人的心理、心情密切相关。作为成年人的我们可以理解别人的想法、语言、行动,这些理解力不是与生俱来的,而是自出生起逐渐养成的。越能理解他人,情商就越高。而儿童则一般在五岁左右,能形成对他人较好的理解。越小的孩子,越难以理解大人为什么要这么说,这么做,甚至不知道别人的想法可以和自己不同这件事。对于小小孩来说,我的想法就是世界的想法。研究发现,双语儿童的心智发展,要快于单语儿童。学外语的孩子会更早地知道,不同的人可以说不一样的语言,也更早地需要根据别人的语言、社会背景,来相应地改变自己的语言,甚至是思维、说话的方式。这些都在不知不觉、潜移默化中提高了孩子理解别人的能力。

学外语会对刺激孩子的大脑,对他们的发育、发展有着积极的影响。在引言中,我们有提到脑发展的重要性,而学语言对刺激脑活动助益良多。其实这也反映了孩子变聪明的本质:只要有应激,有新鲜事物需要学习,孩子都能在学习中变得更聪明。这和我们其实也一样相关:只要我们有应激,有新鲜事物需要学习,我们也能在学习中延缓脑衰老的速度。

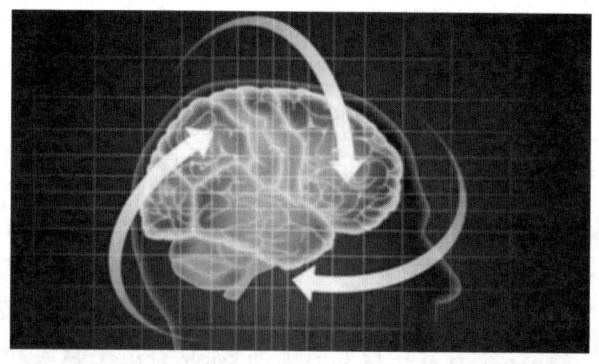

学外语能帮助孩子的脑发展,让他们更聪明,也能让我们永远年轻。
图片来自网络

第三层,语言周边。

语言的目的是交流沟通。语言只是交流沟通的工具。它总是包含着新的内容、文化与世界观。如何与外国人沟通,他们的语言、行为模式是什么样的,在学习语言时,对于交流沟通的理解、技巧的掌握,这些都会对孩子产生超越外语学习本身的影响。举个例子,大家会不会有时对外国人产生脸盲感,比如白人与白人之间,或是黑人与黑人之间,感觉长得都差不多?很多外国人其实也这样,觉得亚洲人和亚洲人之间长得都差不多。这其实正是因为我们平时缺少对不同种族人群的接触。多接触才能更加熟悉、学会区分、增进理解。

创建和谐社会是国家,也是这个世界的目标。孩子学习外语能使社会变得更和谐。原因有两层。第一层就是上面所说的,通过学习外语,或是让说方言的孩子学习普通话,孩子能更好地和社会里的其他人交流,理解他人。第二层是孩子会因为学习外语改变思维方式。科学研究表明,学龄前孩子说双语,能增强他们对事物的看法、认知模式,减少了他们的思维固化程度(Iannuccilli et al., 2021)。

大家有没有想过为什么我们管桌子叫"桌子",椅子叫"椅子"?我们身边事物的名字是与生俱来的吗?肯定不是的,大部分事物的名称是人们后天赋予的,有很大的随机性。孩子越早学习外语,就越容易意识到这一点。因为所有事物都多了另一个名称。"桌子"成了 table,"椅子"成了 chair。有了这样的意识,孩子不仅能改变对语言本身的看法,还能够更深入地理解事物命名的随机性以及事物本身的多样性。学外语的孩子,在思考和语言相关的问题时,比只说一门语言的孩子更灵活,思维固化更少。

所谓思维固化,又被大家称为思维定势。它是人类不可避免的一种思维定向趋势,或者说是惯性。从小到大,我们的脑子特别喜欢把来自外界的各种信息归类。归类,一方面让我们更容易地认识周边的世界,让我们更容易生存在自身所处的环境中,但另一方面,归类有时也会让我们看不清这个世界,甚至产生偏见。比如我们会觉得下雪就是下大雪或是小雪,雪是白色,白色就是乳白、象牙白等有限的几种。但是在北极圈居住的因纽特人眼中,雪、白色,这些都是多种多样的。在他们的语言中,可以与"雪"和"白色"搭配的词缀比其他语言要丰富得多。

一方水土养育一方人,这确实不假。但是我们身处的这个世界,并不是那么容易归类的。世界各地的人们,或者网络媒体,都很喜欢做一件事:把人归类。"北方人怎么怎么样,南方人怎么怎么样""中国人怎么怎么样,外国人怎么怎么样""东方人怎么怎么样,西方人怎么怎么样""白人怎么怎么样,黑人怎么怎么样"。也许大多数时候,这样归类有一定程度的原因、合理性,但我们要清醒认识到,这其实是一种思维定势。

新朋友一见面,最常见的问题就是:"你是哪里人?老家在哪里?"我个人的经历是,当我说我在上海出生的时候,很多人就把我归类到他们认知中的上海人的框架里。其实我祖籍在山东,家里也以面食为主而不是米饭。当我说我曾在荷兰学习生活的时候,大家会问一些"红灯区"怎么样。其实荷兰

"红灯区"主要是游客参与消费。荷兰本地人和我们差不多，守着自己的家庭，过着朝九晚五，稀松平常的小日子，最多就是加班没有我们那么多而已。作为成年人的我们其实也知道，现实生活不是电视剧里的情节。不是所有的事情都是非黑即白，也不是所有的人都是非好即坏。任何人、任何事情都有多面性。只不过我们的思维一般比较顽固，一旦觉得这个人、这件事情坏了，就很难改变看法了。

回到语言学习这个话题，说外语的孩子比说单语的孩子思维定势程度要来的低，思考也更周全。来自加拿大的研究显示，学习外语的孩子能更好地理解、赏析多元文化，更接受社会和人的多样性。他们更加宽容，具有包容心，更不容易歧视来自其他国家和文化的、和自己不同的人或事（Byers-Heinlein & Garcia, 2015）。这里值得一提的是，"理解"并非"认同"或"接受"，孩子在年幼时对事物好坏的具体判断，主要还是根据他们以往的经验，以及家庭、社会的引导。

总而言之，学习外语的孩子会更少地觉得事物是固化、天经地义的，而更多地关注事物的多样性。这潜移默化地优化了他们的思考方式，增强了他们的社会能力，也促进了社会的和谐发展。

➢ 变聪明本身的正反两面

聪明的"正面"

学外语能让孩子更聪明，但这也引出了另一个话题：宝宝生下来注定就是要变聪明的。他们有着生存的本能,会用各种各样的方式去理解周边世界。哪怕只是嬉闹玩乐做游戏,都能让孩子变得更聪明。就像我们在动物世界里看到的那样,动物宝宝们也会互相打闹,而这也间接增强了它们捕猎、生存的能力。大一点的孩子经常在自己的幻想世界中遨游,进行各种各样的角色扮演,这也能让他们变得更聪明。

聪明的"反面"

既然孩子注定要变聪明,我们是不是可以不管不问,秉持散养就好,"树大自然直"的态度呢?万万不可。越来越多的研究显示,童年特别是婴幼儿时期是成长的关键期,在这个时间段获得的知识非常重要,会形成他们对事物认知、了解世界的基础,当然也包括了语言。所以说孩子光是好苗子还不够,还需要浇好水、施好肥、给他们充足的阳光,在知识和身心健

世事无绝对,任何事物都有多面性、聪明也不例外。
图片来自网络

康上两手抓,两手都要硬。

➤ 变聪明的限度

学外语会让孩子变得更聪明,但是最近的研究表明,变聪明的程度并不是无限的,反而可能是相当有限的。

之前有些科学家曾提出一个观点,是学外语会让孩子的控制力变强。因为孩子需要在两个语言间不停切换,这种切换可以增强孩子的认知、控制能力。近十年来,学界出现了反思和不同的声音,认为此观点存疑,仍需进一步的研究(Paap et al., 2015)。

另外,还有一些科学家认为,能说多种语言的人可以延缓阿尔茨海默症,主要表现在让阿尔茨海默症的症状延后发生。虽然说延后并非预防,该来的还是要来,但延后至少也增加了阿尔茨海默症患者不受病症影响的、更有质量的生活的时间长度。不过有些研究人员后来又报告说,一定要同时经常使用四种语言才能延后发病时间,会说两种语言还不够。而最近又有研究结果显示,会说多种语言未必是延后阿尔茨海默症发病时间的根本原因,个人的社会经济状况和受教育的程度才是关键。话说回来,多动脑、多用脑可以延缓脑衰老,这一点是公认的。

这样看来,我们大可不必关注、纠结于外语会不会让孩子变得更聪明,只需管理好孩子的外语学习即可,多找机会让他们接触外语才是王道。

绝顶聪明的人会不会聪明绝顶？
图片来源网络

问题 3　在孩子各项能力的培养中，语言能力最重要

答案：假中有真。

我们先说假在哪里，因为假的部分很容易理解。儿童发展是全方位的，每个方面都很重要。各领域之间也没有可比性。儿童发展方方面面，就像拼起木桶的每一块木板，缺一不可。孩子的每个能力、每个发展领域都很重要，语言只是其中的一块。而且木桶的盛水量在于最短的那一块木板。

一个水桶无论有多高,盛水的高度取决于最低的那块木板。同时木板间环环相扣、缺一不可,我们称之为水桶理论。

图片来自网络

水桶理论说孩子发展的每个方面都很重要。可这样一来,我们做父母的,压力岂不是更大了。真正能做到面面俱到的寥寥无几。现代社会压力巨大,父母下班回来,能陪孩子说会话、看作业,就已经很好了,哪里还有时间精力去兼顾孩子的德智体美劳全面发展。而且虽说孩子的世界是光明的,父母整日接触的社会却有其黑暗面。工作压力山大,烦心事层出不穷。要时刻控制自己在家里不发泄、在孩子面前不发飙可不容易。怎么办呢?

一是要有自控的意识。在工作上我们能控制自己不发飙,那在家里也能做到。家是避风的港湾,不是发泄的出口、暴风集中营。父母要相互提醒,如果有纠纷,可以去孩子看不见的地方解决。不过孩子是聪慧敏感的,能敏锐察觉父母之间的异样。父母想要在孩子前孩子后两套嘴脸,基本是做不到的。

二是寻找适合自己发泄压力的渠道。我们有压力，光压抑是不好的，需要发泄出来，不然一直憋着会憋坏的。怎么发泄，人与人不同。健身、打拳击、练瑜伽、做冥想、爬山、钓鱼、吃喝玩乐、和朋友倾诉等，我们要找一个发泄出口。南方甚至有打小人的习俗，如果真能帮你疏解压力，那就去破财减压吧，虽然我也不太确定这是不是健康的行为。不管怎么说，自己的身心健康了，才能保证孩子的身心健康。自己心理阴暗，那孩子也只能是近墨者黑。

三是永远记得给自己留出时间和空间，做自己想做的事情。人活着不是为了工作，而是为了做想做的事情。人生本无意义，我们通过定义自己的人生，来赋予它意义。自己的人生好了，孩子的人生才能好。就像飞机起飞前乘务员说的，如果遇到紧急情况，要先给自己戴好氧气面罩，然后给孩子戴，一样的道理。千万不要因为自己想做的事情做不到，就把希望过多的寄托在孩子身上。适当的寄托是肯定的，毕竟是自己的孩子。但是过多的寄托导致过严的管教，若应用不当，可能会扭曲孩子。

总而言之一句话，人无完人，我们在力所能及的范围内做到最好就行啦。

➤ 假中有真

在本文最后，我们再回到一开始的问题。在孩子各项能力的培养中，语言能力是不是最重要的。我们给出的答案是假中有真。那如何理解这个"真"字呢？

当孩子理解语言之时，语言就成了他们探究事物的基础。宝宝眼见耳闻的只是事物的表象，它们的内在机制仍需要我们去解释说明。而语言是极好的沟通媒介。这样打雷下雨时，我们就不用停留在雷公电母的层面上，而是可以早早地走进科学，向孩子介绍雷电的形成原因。

风伯、雨师、雷公、电母，是古代对风雨雷电产生的一种神话解释。在生活中孩子遇到的各种问题，我们是用怪力乱神，还是用十万个为什么来解答？相信大家都会选择科学。但在现实生活中的实际情况呢？虽然孔子有句名言叫"子不语怪力乱神"，可是在一些视频网站上，对怪力乱神视频的点击率往往轻而易举就能上百万，远胜于科学视频能有的待遇。在科学上，只有 Ted Talk 或是李永乐老师才能享受这么高的点击率。其实我个人也很沉迷于观看战斗民族的通灵之战系列，真的是怎么夸张怎么来。吸引管吸引，科学仍应该是我们与孩子认识事物的基石。上梁不正下梁歪，我们如果太迷信，连带孩子也不相信科学就不好了。

宝宝如何学外语？

问题4　孩子越早学外语越好

答案：真,但若晚了也不必纠结。

下面我们根据不同年龄段具体分析,同时也顺便回答另一个重要问题：
- 孩子在各年龄段学外语有什么好处？
- 孩子学外语错过了最佳年龄怎么补？

➢ 胎儿

宝宝的生命并不是从出生时算起,胎儿在母体内就已经对外界有所感知了。比如他们在妈妈体内22—26周的时候,就能够听见声音。但他们所接收到的信息是相当有限的。比如母亲说话时产生的震动,他们就能感受得到。除此之外,光听见也不够，还要能记住才行。研究表明，胎儿对他们听到的声音有一定的记忆，但十分有限。他们能记住的，是长期反复的或妈妈临产前他们常常听到的信息。这些信息可以是音乐，也可以是语言(Linderkamp et al., 2021)。

胎教是大家感兴趣的另一个话题。对于胎儿视听的研究很有限，目前科学界还没有明确的定论，去针对胎教的有效性提供强有力的证据支持。这并不是说胎儿没有认知能力或是胎教没有效果，而是说，因为目前我们的确还没有能够有效测量胎儿学习程度的方法，没有哪种胎教的效果是明确的。但有一点我们可以肯定，那就是胎儿已经具备了感受这个世界的能力，只是感受程度有限。之后我们会有一讲和胎教相关。简而言之，如果我们错过了胎儿、胎教阶段的外语学习，完全不用担心。

➤ 新生儿

新生儿表面上看是懵懵懂懂，几乎离不开我们的照顾，但是人类自带的各种开挂属性已经在他们身上体现得淋漓尽致。之前在引言里我们有提到过一种"开挂"，就是统计归纳能力。虽然宝宝没有行动能力，但是他们已经在持续不断的吸收身边包括语言在内的各种信息资源，并加以统计整合。也就是说，只要语言在孩子身边，他们就能自动学习语言，包括中文，也包括外语。当然，宝宝的这些操作都是无意识的，不像我们成年人，学外语要死记硬背、大费周章。这个年龄段的孩子，在睡时好好睡，而在醒着的时候，要多多接触各种新信息、新事物，多多探索大千世界。如果我们错过了新生儿阶段的外语学习，也完全不用担心，孩子的统计学习能力还能延续。

➤ 零至一岁

语言作为一个体系，有各种层次。语言的结构、语音的使用、语音和语义的联系、语法的雏形，等等，都是在此时通过持续的语言接触而建立的。如果宝宝在一岁前在一门语言的语音和语义上打下坚实的基础，也就是常看常听，那么在一岁后就会实现他们词汇量的爆炸性增长。

最近研究美国和欧洲领养其他国家孤儿的家庭发现，才六个月大就被领养的儿童，都保留着一定程度的对原出生地语言、语音的记忆。换句话说，六个月前听到的语言，一辈子都没有忘掉，在脑子里存着呢。这间接说明了早早接触语言的重要性。家里条件比较好的家庭，从这时候起就已经可以找个口语纯正的老师和孩子多说说话。另外由于这个年龄段孩子的理解力有限，最好在他们接触语言时采取真人互动的模式，这样接触下来的效果，要比开个外语频道或是放个外语光盘好很多。外教可以同时满足这几点。如果找不到外教，或是经济能力比较有限的，看看有没有英语角可以去。孩子在旁边听着看着就好。如果担心安全或不便，在家里上真人互动的网课也可行。

在一岁前就接触外语,是极好的。

➢ 一至两岁

如果宝宝在一岁前已经接触了外语,那么在这个年龄段要利用孩子的能动性和好奇心,争取实现其词汇量的爆炸性增长。孩子说得不好或是语法有错误都不打紧,能说愿说,已令人欣喜。有可能的话,还是尽量以真人互动为主,影音视听为辅。如果没有真人互动的条件,在宝宝年纪稍大些后也可以多接触些外语频道、影音。有总比没有好。

如果宝宝是在一到两岁时刚开始接触外语,那么父母要尽量多地去安排孩子的外语时间。此时不妨通过从宝宝最感兴趣、最常见的事物入手,以新经历、新鲜感间接带动孩子对新语言体系的认知,以及对词汇的掌握。和上面说的一样,刚开始时接触外语时还是尽量以真人互动为主,让孩子快速跟上学习外语的节奏。

➢ 两至三岁

如果宝宝在两岁前已经接触了相当程度的外语,那么在这个年龄段就要对词汇和语法做持续、大量的输入,让孩子多听,并鼓励输出、让孩子多说。要想让孩子建立更完善、更复杂的语法结构,我们自己也要多说一些相对复杂的外语,不能总是局限于你好、再见一类的句子。在对外语的投入上,身经百战、经验丰富的我们可以通过对比孩子目前的外语水平来调整对外语学习的投入。如果孩子能动性强，外语水平持续走高，在保持他们学外语积极性、好奇心的基础上，稍稍减少投资也无妨，不过在这个年龄段，各种影音材料都可以跟上了。

如果宝宝在两岁时刚开始接触外语，情况则略有不同。此时他们有一个自然属性的加持：他们的认知能力比两岁前成熟很多，能够自主学习。但也有一个缺点，就是错过了两岁前大好的语音词汇打基础的时间。在这种情况下，我们要尽可能地调配资源给到外语，让孩子多听多看。这其中一个事半功倍的法宝，就是增强外语的社会性。让说外语的人，不管是朋友、老师、还是家长，大家齐上阵，拉到碗里都是菜。我们也可以制造或是去一些只说外语的场合，让孩子了解到说外语是有社会价值的。本书之后会有一讲，说的是如果我们自己外语能力一般，要不要陪孩子一起增强外语能力。我们给出的一个快速答案是一开始要陪。在这个年龄段，我们陪与不陪，差距会很明显。在孩子自主能动的学习外语后，才不用陪那么多。

➤ 三至六岁

在这个年龄段我们对孩子时间上的分配应该是比较紧张的。如果孩子在三岁前已经有了相当程度的外语经验，能用外语说话的话，在我们或是孩子时间不够用、不能带他们出门的情况下，可以在家大量使用视听材料。比如看外语节目，可以寓教于乐、兼顾学习。如果在家里是爷爷奶奶、外公外婆带着孩子的,我们可以鼓励祖辈和孙辈一起学外语。这样一来,既达到了增强语言社会性的目的,又可以减缓祖辈的脑衰老速度、预防阿尔茨海默症。多动脑、多用脑,正是减缓脑衰老的关键。

如果宝宝在三岁前没接触过外语,或是接触程度有限,我们就需要比较集中地向他们介绍外语。如果可能的话,每天都给孩子安排一定的外语时间。这里我们需要考虑的,是如何在孩子外语能力相对薄弱的情况下,鼓励他们多说、多开口。因为除非是性格特别外向的孩子,一般来说,在孩子自己外语能力很有限的时候,是不太愿意开口的。让他们多说就等于撬开成功大门的一半。其中让孩子多说的一个好方法,就是在亲子互动的过程中,每天都让他们教我们或是老人,今天所学到的外语新知,回顾昨天、上周学到的外语内容。在沟通时,从中文沟通为主,慢慢地过渡到以外语沟通为主。我们不用太急。等到孩子养成了在某个特定的时间点、或是特定的场合说外语的习惯时,我们也就成功了。另一个让孩子多说的好方法,是增强外语的趣味性。孩子对什么感兴趣,就顺便把那个事物的外语也教给孩子,一箭双雕。

不管是孩子已经有了外语经验,还是刚刚入门,如果他们上的幼儿园有外语相关的教学内容,我们都可以问幼儿园索要教学大纲,每周配合幼儿园的内容、材料,去添加相关的材料,来增加孩子学习的深度和宽度。深度指学精、宽度指扩展。如果本周幼儿园的外语学习内容和公园相关,我们就和孩子一起去公园,学习认识园里各种动物的外语名字(增加宽度)。如果孩子对某种动物比如恐龙展特别感兴趣、多多驻留,我们就去让孩子接触各种恐龙的各种名字(增加深度)。孩子有兴趣的东西,记起来快得很,还增加了学外语的兴趣。

➤ 六岁后

孩子的作息、学业在此时已经走上了轨道。我们需要根据对孩子未来的发展规划,提供相关资源。这里我们要脚踏实地,面对现实。如果孩子学外语只是为了应试,那么只需给予外语学习相关的配套即可。这也没有什么不好的,因为未来社会是专精的社会,有的是外语专才。如果孩子以后工作、生活都是用中文,没必要非要外语专精,接待外宾时身边有个翻译就好。这里有一点需要注意的是,应试就是要比别人先飞,这样孩子的成绩才能一直领先于人。在应试这一点上,如果一定要卷,就卷一点吧。常在河边走,鞋湿一点也正常啊。

如果孩子是准备把外语学好学精,未来能学以致用,那么我们就要花费额外的时间、资源在孩子的外语上。如果孩子身边的教育机构没有丰富的外语资源,我们要找老师、找资源,让孩子尽量多开口说外语。

➤ 结语

婴幼儿脑发育相当狂野,是接触外语环境的大好时机。如果家长还没开始让孩子接触外语,那从看到本书开始,让孩子多接触即可。如果没有时间补充外语,那就正常学。不过如果有时间的话,多多增加孩子外语的接触量、趣味性、社会性和互动性。另外还有几个补救"良药"。一味是亲子阅读,每天陪孩子读一些他们感兴趣的外语故事,不管对哪个年龄段的孩子都有很大的促进作用。细细想来,亲子阅读满足了我们上面提到的所有关键词。另一味是试听读物,不过这个"药"有一定的副作用,如果孩子沉迷电子网络就不好了。我们要做好控制。

问题 5 孩子其他领域的发展也能变相促进外语学习

答案:基本真。

这里的领域可以理解为发展领域,也可以理解为知识领域。

➤ 从发展领域的角度说

我们可以回顾之前提到的木桶理论,木桶的每一块木板都是一个发展领域,包括孩子的脑发展、认知发展,儿童营养、心理健康等。每一个发展领域和语言发展都有着积极的相互促进作用。比如,随着孩子分析能力、记忆力的提高,语言学习自然会得到促进。而语言学习又会帮助孩子增强社会认知。这也间接说明了孩子接触外语,越早越好。

在所有发展领域里面,和语言发展最没有关系的,应该是孩子的身体发展。即使孩子不学、不说任何语言,也还是会长大的。比如有时媒体会报道我们发现过的"狼孩",就是从出生起就被遗弃在森林里,被狼群养大的孩子。他们长大后不会说人话,也不会像人一样走路,只会嚎叫、吃生肉,行为习惯都和狼一样。这些孩子在被发现、回归人类社会后,非常地不适应,学不会人类的行为和语言。狼孩的产生既说明了儿童阶段学习发展的重要性,又说明了身体发展相对于其他领域的发展更为独立一些。这块木板对孩子语言或其他发展领域

不过身体发展和语言发展即使没有直接的联系,间接的关联还是有的。有实验表明,在适当的体育活动之后,孩子的学习能力可以得到短暂的增强。换句话说,我们可以在孩子的体育锻炼后,安排一定的学习内容。

图片来自网络

木板们的长期影响,我们目前知道得不多,还需要更多的研究。

▶ 从知识领域的角度说

知识领域和外语发展的关系不是单向,而也是能够相互促进的。

从语言到知识来看,语言作为交流工具,能够帮助孩子拓展思维、开阔视野。外语学习可以帮助小朋友们了解到更多领域的知识、建立事物的逻辑关系,打开他们的兴趣爱好。有付出就有回报。有了前期的外语基础和积累,孩子们就能在后期独立阅读外语绘本,收看收听外语节目、信息。我们在前期陪着孩子们阅读、让他们养成看书的习惯,后期他们就有更好的自主能动性,不用大人的强迫,也能自行理解人文、科技等各方面的基础信息。我们培养孩子学习习惯的这个思路,在本书中会贯穿始终。

从知识到语言来看,小朋友开始对于科普类的某个知识感兴趣,也会激发他们相关的语言学习,包括外语。比如孩子如果在做游戏时开一家商店卖东西,那么为了把东西成功卖给大人扮演的顾客,他们会多开口。而如果顾客说外语,他们也需要用外语去应对了。又比如之前举过的恐龙的例子,在这里也同样适用。如果孩子对恐龙感兴趣,就会去了解相关的内容,即使内容是外语,他们也会尽量去理解,遇到新的词汇、概念也会记住。我们要去激发孩子们对知识绘本的兴

儿童四大发展

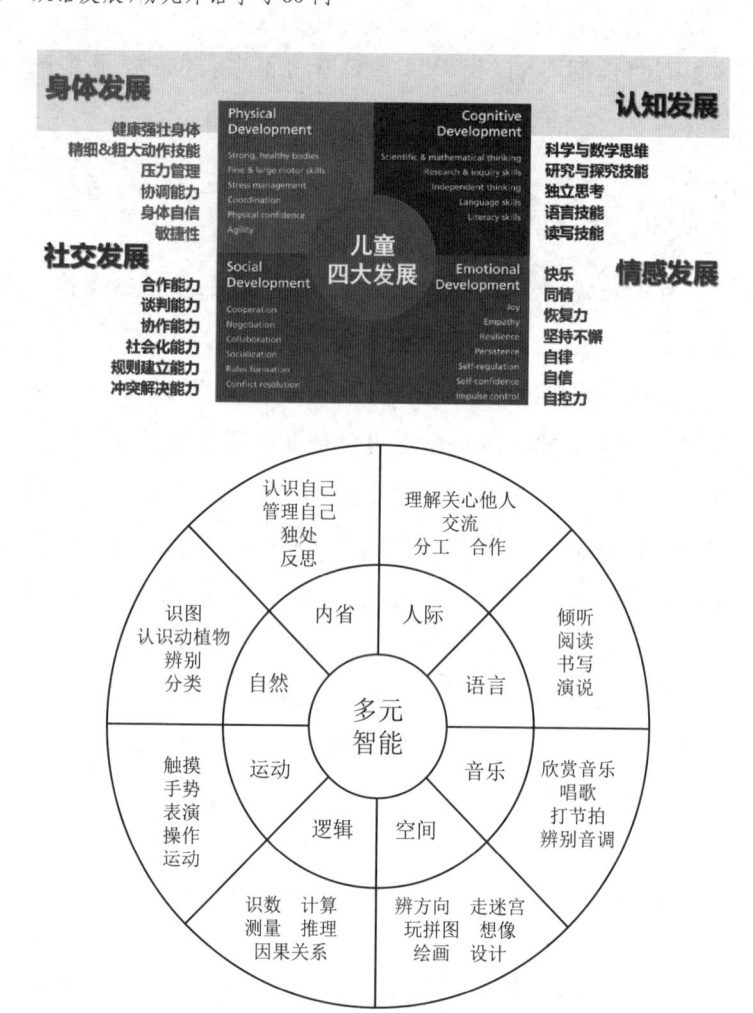

身体发展 / Physical Development
- 健康强壮身体 Strong, healthy bodies
- 精细&粗大动作技能 Fine & large motor skills
- 压力管理 Stress management
- 协调能力 Coordination
- 身体自信 Physical confidence
- 敏捷性 Agility

认知发展 / Cognitive Development
- 科学与数学思维 Scientific & mathematical thinking
- 研究与探究技能 Research & inquiry skills
- 独立思考 Independent thinking
- 语言技能 Language skills
- 读写技能 Literacy skills

社交发展 / Social Development
- 合作能力 Cooperation
- 谈判能力 Negotiation
- 协作能力 Collaboration
- 社会化能力 Socialization
- 规则建立能力 Rules formation
- 冲突解决能力 Conflict resolution

情感发展 / Emotional Development
- 快乐 Joy
- 同情 Empathy
- 恢复力 Resilience
- 坚持不懈 Persistence
- 自律 Self-regulation
- 自信 Self-confidence
- 自控力 Impulse control

多元智能

- **内省**：认识自己、管理自己、独处、反思
- **人际**：理解关心他人、交流、分工、合作
- **自然**：识图、认识动植物、辨别、分类
- **语言**：倾听、阅读、书写、演说
- **运动**：触摸、手势、表演、操作、运动
- **音乐**：欣赏音乐、唱歌、打节拍、辨别音调
- **逻辑**：识数、计算、测量、推理、因果关系
- **空间**：辨方向、玩拼图、绘画、走迷宫、想像、设计

市面上各种育儿机构为家长们定制了五花八门的儿童发展图，这些图展示了许多发展领域，内容上大同小异，大家可以自行参考。但是千万不要看图焦虑，生怕耽误了孩子这个或是那个领域的学习发展。其实这些领域并不是分崩离析、各自为政，而是互相交融、一通百通的关系。发展了这个，也能带动那个。毕竟良好的心态和环境也是宝宝发展的加速器。

趣、阅读、理解。这些读物还有一个隐性的优点,就是它们内容的丰富程度、语法的逻辑性、外语的质量和强度,都比注重口语的试听材料要强上许多,非常适合年纪大一点的孩子去探索。

问题 6　为保效率,孩子最好不要同时学习几种外语

答案:假,但取决于我们手中的资源和对"学好"的定义。

如果我们把学好定义为专精,那要想同时学好多门语言肯定是难的。这也和国内的社会情况相关。比如像新加坡这类东南亚国家,靠着全球经济营生,全球化让它们不得不有着英语为主,多语言环境的加持;又比如澳大利亚这类移民国家,在很多移民家庭里,父母说不一样的语言,而且家庭身处的不同社区、他们的主打语言也不同,有中文社区,印地语社区,也有阿拉伯语社区等。国内情况不一样,基本上是中文,有的家庭再加上一点方言。(关于学方言的好处,我们之后会有一讲专门去说。)国内的社会环境外语较少,因此我们要寻找资源,持续投资才能专精。这和让孩子去学弹钢琴、跳芭蕾舞是一个道理。人力物力成本花下去了,小孩子才能弹得好、跳得好,不过孩子和家庭要有多辛苦,就只能甘

苦自知了。

从实际出发,只要孩子一直和多门外语有接触,同时学习多门语言是可行的。这其中我们说比较重要的几个点。

➢ 第一点,种瓜得瓜,种豆得豆

顾名思义,有付出才有收获。现代社会是一个浮躁的社会,有的人不想种瓜得瓜,想的都是怎么种豆得瓜。这在语言学习上是行不通的。还有一种普遍情况是不鸣则已,一鸣惊人,要鸣就鸣最大的声音。刚才我们举了让孩子练琴的例子。要培养一个郎朗,本可以被用在发展其他领域上的时间也要被牺牲掉,用来练琴。培养奥运会选手也是类似的情况。这些个例仍然适用于木桶理论:当木桶的一块板太长、太明显时,这块木板本身就代替了木桶的定义,因为大众只顾去看木板的长,无视木桶其他短板所带来的问题了。

说到种瓜得瓜,我们还要提一个醒:有些家长自己有梦想,却未能实现,就把希望寄托在孩子身上,让孩子代替自己去实现未能实现的梦想。还有些家长,自己很能干、事业有成,觉得虎爸虎妈无犬子,或是青出于蓝就一定要胜于蓝。这些都是普遍存在的思维模式。给孩子一定的压力与动力、鼓励孩子学习发展是很正常,甚至说是必要的。但如果给孩子过度的压力,或是把自己的愿望强加给孩子,则需要三思而后行,执行时也要想好怎么操作,把对孩子的伤害压到最小。在当今社会,父母的育儿策略有自己的考量和打算。我们只多说一句:田忌赛马上中下三策,强迫为下策,鼓励为中,榜样引导为上。如果我们最终选择了下策、强迫孩子,一定要定期评估孩子的心理健康水平,尤其是在孩子的青春期、逆反期的年龄段。我们的选择、行为对孩子的正面影响是一辈子的,负面影响也是一辈子的。

▶ 第二点,强者越强,弱者越弱

人是社会的人,天生自带社会性、交流欲。家庭、学校、社会、社区,孩子的语言学习会极大地受到外部环境的影响,自然而然地被周边环境下所使用的语言所吸引。儿大不由娘,在孩子与同龄人交流、交朋友的年龄段,外部环境影响甚至会超过家庭对孩子的语言影响。很多在孩子还小时就移民海外的家庭,明明家里说中文,父母却眼睁睁地看着孩子的中文水平一点点败下阵来,让当地的语言超了过去,胳膊肘往外拐了。

在孩子的双语学习中,一般会有一门语言很强势,而其他语言处在弱势的地位。处于强势的语言一般是社会生活上所使用的语言。这个语言会影响、挤压处在下风的其他语言,形成一个强者越强、弱者越弱的环境。注意弱到最后是消亡,孩子越不用,就越不会用。其实这个趋势不仅仅适用于孩子学习语言,在现实生活中的其他领域也常常出现。

弱势语言要求生存、求发展,就需要有持续、稳定的环境来支持。我们看看强势语言是怎么发展的,就知道要做什么来拯救弱势语言,让孩子不要拉下这个语言。

➤ 第三点,学外语,有捷径

虽然种豆得瓜做不到,但事半功倍的"捷径"还是有的。有些捷径已经藏在了前文当中,比如让外语学习变得有意义、有趣味。意义可以包括创造孩子交流的需求:比如家里请的保姆只说英语,为了和他沟通,孩子也得说英语才行。意义也可以包括生活中的各种需求:鼓励孩子参加一个外语类的比赛,或是为了入学面试做准备,给孩子制定目标。当孩子在潜意识里,或是有意识的知道自己需要去学外语,外语就有了意义。

在国内,小孩子学到的外语,一般都是趣味外语。增加外语的趣味也很简单:可以和说外语的小伙伴们一起玩、看外语动画片、用外语做游戏,只要符合孩子的天性,那他们学起外语来肯定带劲。我们可以趁此机会,在他们接触的外语内容之上再多添加一些学习内容。孩子的学习潜力是无限的。

图片来自网络

问题 7　孩子结伴学习会相互影响，降低学习效率

答案：目前假，有待研究

我们一键三连问：
- 学龄前的孩子是和真人学习还是和互动媒体学习好？
- 是单独还是结伴学习好？
- 是在相对无干扰的环境下还是在社会环境下学习好？

➤ 真人还是媒体

关于第一个问题，研究者们推荐孩子与真人学习、在实境中学习。相较于互动媒体，和真人学习让孩子的学习效率更高、效果更好（Kuhl et al., 2003），也更能举一反三的思考问题。

但是大部分人的生活节奏其实是很紧张的。大家平时忙着工作，没有足够的时间、精力进行长时间的亲子互动，引导孩子学习。而报一个日托制的幼儿园或是外语学习班，价格又十分昂贵。大部分家庭的选择，是自己或者老人带着孩子去外语机构，让孩子在一周内有一到两次与老师互动学习的机会。问题是其他时间怎么办。

我们给出的建议还是求助于媒体，视听影音。因为有资源总比没有强。其次，我们要找互动性强的媒体，互动性越强，越接近真人交流，孩子越喜欢，学习效果也越好。再次，我们要记住内容为王，具体的方法是看在影音制品的单位时间（比如每五分钟）里，有多少新知识、新信息呈现给孩子。同时，我们也要避免过于华丽的影音制品，不然孩子的注意力都放在声光效果上、而不是知识内容上了。

➤ 结伴还是单独

最新研究发现，孩子在使用像平板电脑这样的电子互动媒体上学习时，如果和其他孩子结伴一起学习，学习效果会比他们一个人单独学习来得高（Lytle et al., 2018）。

这是为什么呢？有些学者认为，学习是一种社会互动，而结伴学习给了孩子两个特点来增加他们的互动性：第一，有个学习伙伴能大大加强孩子的学习动机，激发他们的求知欲。第二，结伴学习给了孩子一个人学习时不存在的社会信息。比如，当孩子看到其他小伙伴盯着屏幕的时候，自己的注意力也会不自觉地转向屏幕。

➤ 没有干扰还是社会环境

对于已经上学的孩子来说，没有干扰的环境可以提高他们的专注性。但是对于学龄前儿童来说，在社会环境中的学习效果、以及学到的内容，未必比在无干扰的学习环境中学到的要差。俗话说,读万卷书不如行千里路,这很好地形容了社会学习或是学习社会的重要性。在儿童时期,孩子需要掌握的不仅仅是像今天学会多少个新词、明天学会了什么问句这类一个个的新知识点。他们也需要掌握,在什么情况下说什么话、怎么说最恰当。换句话说,他们需要理解新知识点在社会环境里的具体应用方法,以及与这些知识点相关的社会、文化背景信息。从另一个角度说,任何新鲜的社会事物,都能成为孩子学习的契机,而在无干扰环境下,已经习得的事物也能在社会环境中再次巩固、强化孩子的记忆。不过话又说回来,只要孩子能够好好学习外语,哪种环境都行。

图片来源:谷歌

学外语的相关影响

问题 8　孩子学外语，母语发展会放缓

答案：假。

这个问题放在国内的环境里，是杞人忧天。国内地大物博、人口众多，孩子可以时常听到中文。即使家里和周围说方言，普通话也是身边的通用语，随处可以听见。孩子学外语，母语供应量充足，不会放缓。

不过父母多存有比较之心。如果和别人的宝宝比起来，自己的宝宝开口较晚，那又是为什么呢？会不会是因为学了外语？答案是不太可能。

➤ 看中文

如果宝宝开口晚了，最基本的也是最需要看的，是孩子的中文环境本身。环境的变化，会对孩子的语言发展有着非常

大的影响。一个三口之家,如果孩子总是待在家里,不常出去走一走、逛一逛,孩子听到的中文内容不仅量少了,种类还不够丰富,这些都对孩子的语言发展不利。我们还是要带孩子到外面多走动、多交流。如果父母没空,那就由祖辈陪着孙辈,去增长知识见闻,也是好的。其实祖孙出行还有间接的好处,比如我们可以引导孩子多考虑、照顾老人,培养他们的爱心和理解他人需求的意识。只是祖孙出行,路上要十分小心,时间上安排的充裕些比较好。

关于提供丰富中文环境这一点,我们再补充一句:孩子该学的东西,就要早接触,以后要学的,现在也可以先看起来。比如识字、比如写字。要让孩子多看、多听、多学,在玩中学,也是好的。

➢ 看方言

宝宝开口晚,我们需要关注的第二点,是区分中文里普通话和方言的关系。我国方言种类繁多,但孩子听、说方言,肯定不能等同于听、说普通话。如果家里有人说方言或是全家都说方言,那其实等于是相对减少了普通话的分量,这样的话对中文自然会有一定影响。但是这个影响不是绝对的。如果方言、普通话的分量都给的足足的,那不但没有影响,反而会让孩子把方言、普通话都学好。

关于方言这一点,我们也再补充一句:我们在这里区分普通话和方言,并不是说普通话好、方言不好。其实几乎所有人都说方言。我们会在下一讲马上说方言这个专题,将学、说方言的好处一一罗列,大家有兴趣的可以一观。

➢ 看性格

孩子何时开口,除了和周边环境相关以外,其实还和他们自己的性格相关。我们总是把孩子看做是我们的延续、家庭的未来,但我们经常忽视了另一个事实,就是孩子是一个独立的个体,有着自己的性格。有的孩子外向、有的孩子内敛。有的孩子喜欢观察周边环境,有的孩子谨慎小心。

孩子的个性、性格的养成还受到外界环境的影响。有的孩子周围环境更为复杂多变,比如爸爸妈妈经常吵架,那孩子就会非常察言观色,知道什么时候该说、什么时候不该说。这样的孩子,开口说话晚些也是正常的,但这并不表示他们说得不好。有的孩子两岁了才开口,不过不鸣则已,一开口便已"出口成章",一鸣惊人。

➢ 小结

总而言之,中文不好不要怪外语。如果中文不好,我们要先看看是"假"不好,比如是因为上文中所描述的环境、性格等原因,还是"真"不好,比如是因为病理性的原因。如果是"假"不好,要让孩子早开口,那我们就多多提供给孩子丰富的语言环境,鼓励、引导他们开口。不过这里我们也再重复一句:大家不要让孩子过早的接触声光效果过于充足,而内容含量不够的电子产品。这点我们后面有一章节会详细说明。

如果是"真"不好，那么越早发现问题、对症下药越好。语言发展的先决条件包括了遗传因素、中枢神经系统、心理呵护、相应的语言刺激和结构性的认知发展等。任何这些领域的缺陷都可能导致语言发育障碍，或是产生病理上的一些问题。比如，如果发现孩子听力有问题，就要早早配好助听器等相关设施。解决时间越晚，就有越多的宝贵的学习时间被浪费掉了。又比如，如果发现孩子有自闭症的行为模式，那我们就要早早在医生的建议下，决定采取何种行动。在对儿童病理性问题的处理上，我们主张早发现、早干预。儿童时期对于孩子的全方位发展过于珍贵，不要浪费。

最后提一句，如果父母里有一个中国人，一个外国人，那在国内的环境下，外语一般是不会落下的。今时今日，来自五湖四海的人们，有着说自己语言的社交圈、社交媒体、家庭通话软件、幼儿园等，外语配套即使不能做到像中文一样，一般也都能局部齐全。

图片来自网络

问题9 方言不算外语（另一门语言），没必要学方言

答案：假。

我们首先要大概理解方言这个概念。说大概，是因为"方言"和"语言"之间，其实并没有明确的界限。而且什么算是方言、什么算是语言，这些概念经常被经济、政治、文化影响。两种方言再相似，如果在两个不同的国家里流通，那这两种方言就很有可能被这两个国家设定成不同的语言。同样的，两门语言就算再不同，如果在同一个国家的不同地区使用，就有可能被看作是一门语言体系里的两种表现形式。你知道吗？世界上很多语言是因经济贸易、沟通交流而生的。两个国家的人说不同的语言，可是需要做买卖、交流想法，怎么办呢？两个语言慢慢杂交，生出新的表达方式，新语言就诞生了。比如海地人说的克里奥尔语就是这种语言。这种情况我国也有。比如位于青海的五屯话，混合的是西北官话和安多藏语。位于甘肃的唐汪话，可能是汉语和东乡语的混合语。位于川西藏区的倒语，是汉语和藏语的混合语。

方言算不算另一门语言，这个问题对我们来说其实无所谓。问题的关键是孩子要不要学方言。而我们的回答也很明确：有就学。如果孩子身边有方言的资源，不管是从家庭、还是社会中来，我们都可以听起来、说起来、学起来。

▶ 学方言的三原因

为什么有方言就要学方言？下面我们来细说三点原因。

语言信息

学方言可以让孩子接触到更多的语言信息。很多方言里的语音、词汇、语义甚至是语法，都是普通话里没有的。举例说明，吴侬软语，江南水乡。比如上海话里，安全的"安"字，其发音（国际音标/ø/）在普通话里是没有的，但是法语里有。说上海话的人，学法语也许就会更容易一点。语言不同层面上的不同，都会对孩子的语言学习和理解有着广义、积极的影响。

超语言信息

当孩子认识到这个世界上存在着各种不同的语言的时候，他们对语言体系本身的理解就会更上一层楼。从这个角度说，学方言和外语有着类似的作用。对不同语言体系的掌握，有什么好处呢？这种理解会帮孩子们建立一个叫做超语言的概念。

那这个概念又有什么用呢？大家有没有想过，为什么太阳不叫月亮而要叫太阳？为什么桌子不叫椅子而要叫桌子？历史原因固然有之，可如果从第二天起，所有人都把太阳月亮互换着叫，把桌子称为椅子行不行呢？其实是可以的。在一门语言中，许多事物和他们的名称、叫法其实是随机的。一个物体的名称并不是它本质上的属性，换个叫法还是一样的东西。如果孩子长期只知道一门语言，没有其他语言作为的参照物，那么他们就很难把事物的名称和它们的本质区分开来，认为名称也是事物的自然属性之一。而长此以往，他们思维的灵活程度就会降低,长大以后多了"想当然",少了换位思考的能力。之前我们有说,宝宝学外语,思维可以更灵活,其中也包含了这一点。

文化心理信息

方言是对心理的慰藉、对文化的传承。许多中国人有祠堂、祖庙、家族,落叶归根的观念,也会把这些观念带给孩子,形成独特的中国、亚洲文化。孩子长大了会飞离家中,可能会在外国、外地漂泊打拼,常会有思乡的时候。人在异乡为异客。我们出门在外,听到乡音时,心里往往会踏实、稳健、情绪会平复,能获得心理慰藉、精神支持。孙辈跟着祖辈说方言、学方言,得到的不仅是语言,也是纽带、是亲情。有一位母亲曾对我说过一句话:

When you speak the language he can understand,
you reach his head.

When you speak his language, you touch his heart.

方言作为非物质文化遗产的一种,有着触达人心的力量。方言里词、句的用法,也能够反映风土人情。方言包含的文化、心理信息,值得重视与发掘。

中国地大物博,方言广泛久远。每一种方言的背后,都是文化的传承、历史的沉淀。每一种方言都值得去理解、去学习。这样孩子们会更理解前人们翻过的山、蹚过的河、走过的路、吃过的苦,让孩子明白他们的成长与发展、未来的成就与成功,不单单是靠自己的努力打拼,而是离不开父母、家庭、社会的关心帮助。这也是东西方文化里,个人主义和集体主义的差别所在。

▶ 学方言的三问题

社会心理

人类的终极目标,是创造没有阶级、平等、公平的社会。但是目前阶段人类社会还是有强势群体和有弱势群体之分。人类包括孩子对权力、阶层的敏感性是天生的。要想克服人性里的弱点,各种欲望,是很难的。贪、馋、懒、色、权、钱,人类还有很长的路要走。就像社会上会有强势和弱势群体一样,社会上也会有优势语言和弱势语言。弱势语言和弱势群体一样,如果我们不加注意或是社会不去有意识地进行调节,就会被排挤、挤压其生存空间。

如果父母或孩子觉得说某个语言、会被排挤,就不会愿意学、愿意说。比如觉得某种方言"土气"、说着感觉低人一等,就会产生这种情况。反过来,如果父母或孩子觉得说某种语言有优越感、好像高人一等似的,就会愿意说、愿意学。以前俄罗斯宫廷甚至不说俄语说法语,觉得法语才是高人一等。这两种情况,其实都不应该是我们决定是不是学方言的原因。

方言没有高低贵贱,贵贱其实在人心。人心的观念会随着社会的逐渐开放、进步而转变。我们要开放心态,接受方言。现在不学错过了,以后会后悔。

口音

有的父母怕孩子方言说得多了,普通话会不标准,带有口音。如果方言比较强势,有些父母也会有反过来的顾虑,觉得如果普通话说多了,方言会有口音,并歧视有口音的人。

很多父母也会纠结于外语口音的问题,比如孩子是说英式英语还是美式英语好。其实区别真的不大。如果不想让孩子有口音,或是想要一个专门的口音,只要让宝宝早接触、多接触、常接触那个口音的语言即可。

其实说一门语言,有没有口音并不是问题。语言不是固化、歧视的手段,而是交流、沟通的工具。交流才是关键,能深入交流就行。对口音的歧视,会随着社会的进步而越来越少。身在国外,别人看中的是孩子的能力、人品,不是口音。

普通话

如果家里有人说普通话,有人说方言,那没什么问题。如果一家子全说方言,那需要注意普通话的发展,在学龄前不要让他们落下普通话。每天都要有所接触。听、说普通话的地方很多,我们不担心。

但是孩子年纪再上去了以后就是倒过来的情况了。因为孩子的社会性很强,上学以后都是听、说普通话的。这时对方言的接触就比较重要了。

➢ 扩展与总结

总之,政府推广普通话,并不是不鼓励方言学习。在响应政府号召的同时,如果孩子身边有方言的资源就学起来。天生我言必有用,方言语言皆如此。

从宏观上说，只要孩子的身边有他们值得掌握的新信息，并且这个信息的来源质量好、稳定充足，那就不必迟疑，让他们去学。打个比方，如果隔壁邻居是钢琴家，家里墙壁又薄、隔音不好，那就让孩子跟邻居去学琴吧。耳濡目染，只怕是可行的。

问题 10　父母自己不说外语，没法培养出外语好的孩子

答案：假。

父母自己不说外语或外语水平一般，也能培养出外语好的孩子。但这句话也不是无脑真，有诸多条件限制。下面我们按照条件的重要性，由重至轻、一一道来。

➤ 我在孩子的学习中起到什么样的角色？

白天工作，晚上带娃。生活天天轮轴转，我们几乎没有多余的时间。但是对孩子来说，即使只能在早晚见到我们，父母、带孩子的人，我们仍然是孩子实打实的榜样。小孩有样学样。孩子的身边人的成长中起着最关键的作用，没有之一。我骂街，孩子也骂街。我算计，孩子也算计。我开朗，孩子也开朗。我踏实，孩子也踏实。如果我们持续重视外语，孩子也

会重视外语,但是如果我们只是表面重视外语,嘴上说说,孩子的外语学习也只会流于表面,事倍功半。

顺便说一句,我们对孩子学习中起到的带头作用,是日积月累下来的结果。人无完人,我们自己有着各种不良习惯。如果要为了给孩子做榜样而改变这些习惯,其实是非常难的。因为我们的思维、行为模式已经定型。如果真想改变,就需要持之以恒的努力。

除此之外,还有一点需要注意。虽然传统的看法是,孩子是父母、家族的延续,但随着孩子年龄越来越大,我们越是要把他们当成一个个独立的个体来培养。

综合这两点,不难看出,我们把自己的想法强加于孩子身上是下策,而言传身教则是上上策。我们只要掌握这一点、并善加利用,就能以身作则、事半功倍地培养孩子的外语发展。

▶ 我如何为孩子创造外语环境和学习机会?

我们首先需要核算成本。人力物力,每周投入多少给外语学习。其次,我们要考虑合适的学习方式,可以包含以下基本要素和考虑点。

要素一:时间

A. 孩子的睡眠与清醒周期为何?

B. 在孩子醒着的时候,家里有没有人(父母、祖辈、保姆、亲戚)能带着孩子学习?

C. 我的空余时间怎样,何时我能陪孩子一起去"玩"?

我们要选择孩子相对清醒、安静的时间来进行孩子知识扩充。顺便说一句,睡眠和营养一样,对孩子极其重要。利用他们的睡眠时间去学习,是因噎废食的行为。孩子睡时要好好睡。他们在睡眠中得到身心脑发展。而在他们醒时能用来学习、接触事物的时间,原则上说应该越多越好。

如果孩子的家是一个大家庭,人数众多,不妨按照活动的重要性排序。越是重要的,或是有亲子环节的活动,父母越优先来陪伴孩子。如果这个活动有老师带着,家长只需要在旁边看着就行,那么除父母以外的其他人也能胜任。

要素二:地点、学习环境

A. 在家还是外出?

B. 环境是简单还是复杂?

C. 环境是否健康安全?

孩子对环境熟不熟悉、感觉舒不舒服,会影响他们的学习。他们在熟悉的环境里会更放松,而在进入新环境时则会更警戒一些,会留意观察,会随机应变。我们其实可以反向利用这一点,把新的人与事在孩子注意力比较集中的时候推送给他们。

学习内容有难易。如果内容简单的,我们要注意对孩子来说有没有足够的吸引力。周遭环境如果复杂的,我们也可以看看孩子在学习时会不会分心。需要注意的一点是,对年龄较小特别是婴幼儿来说,孩子的注意力集中程度其实也就那么几分钟的时间。在这种情况下,我们可以通过父母、儿童、教师、学习内容甚至是学习环境之间的两两互动,来增加学习内容对孩子的吸引力。

要素三：人物

A. 在线还是真人？

B. 老师的业务水平如何？

C. 带孩子的人是否也一同参与学习？

如果是在线，我们要大概控制一下学习内容，确保它们的声光效果不要太刺耳刺眼。如果跟着老师学，老师的外语水平如何、品行如何，我们都需要做一个了解，不要想当然地做甩手掌柜。如果带孩子的人也会和孩子一同参与学习，那我们需要提前了解参与的方式、比重，做什么准备等。总而言之，我们要做到有备而来、有的放矢。

要素四：事件、外语活动

A. 活动是什么形式？

B. 活动的质量如何？

C. 记录每周的重复频率，丰富程度。

现在英文原声的学习材料很多，不过大多都是试听影音。从活动效果来说，互动类型的活动永远好于试听影音类的活动。特别是在婴幼儿时期，互动类型的学习活动，要比外语动画片这种单向传达信息给孩子的活动要好得多，能起到事半功倍的效果。关于如何分析外语活动的质量、重复频率、丰富程度等，我们会在后文详述。

➢ 我如何增强自己的外语能力？

不管是什么科目内容，如果我们自己不懂，就没有办法很好地辅导孩子。

面对外语，大部分家长是有一定外语基础的，面对孩子初期的外语教学材料应该游刃有余。即使是没有外语基础的家长，增强自己的外语能力其实也非常容易。我们在选择孩子的外语读物、课程时，可以选择自己和孩子能同时参与的项目，和孩子一起前进。如果家长有一定外语基础，但信心不足的，也可以找一个自己能旁听的课程。如果家长外语很好，那就直接和孩子多交流，效果更好。不论是上述哪种情况，如果能在孩子接触完外语、上完课后一起回顾学到的内容，那真是极好的。

图片来自网络

综上所述，我们自己的外语能力不是最重要的。重要的是，我能为孩子创造什么样的语言环境、学习机会，怎么陪孩子一起学。此外还有一点，与下一个问题息息相关，就是自己外语能力不强的我们，一定要有陪孩子一起增强外语能力的信念与行动。

问题 11　性别、性格、天生属性会影响孩子的外语学习

答案：真，但意义不大

➤ 性别

从性别的角度说，女孩确实要比男孩的语言发展要快上那么一点点。从对双胞胎的研究表明，女比男快是先天多于后天的。后天的影响占大概四分之一（Dale et al., 1998）。男孩子也确实比女孩子更容易有语言延迟的问题（Steveson & Richman, 1976）。虽然性别对语言发展确实有影响，但是影响很小。学外语的关键不是性别，是外语接触。

既然提到性别，我们就要引申一个经常被忽视的关键点。当我们帮孩子挑选读物、玩具时，一般会根据自己的孩子是男还是女来挑选不同种类、不同颜色的产品。目前研究表明，虽然孩子的性别对他们的喜好有一定的影响，但其实他们在出生以后对产品的接触，会对他们的喜好影响更大（Liu et al., 2020）。换句话说，我们对孩子早年不自觉地引导，以及之后社会对男女有别一类的共识，会不断地影响着孩子。

对孩子读物、玩具的选择权，其实在我们的手中。是让孩子遵循传统的社会价值观、更好地融入社会，比如男孩扮警察抓坏人、女孩玩洋娃娃过家家，还是打破思维定势、社会定势，

不去考虑玩具的"社会性别",这其实是由我们来决定的。

您会怎么选?

图片来自网络

> 性格

关于孩子的性格如何影响他们的语言发展,目前还没有太多系统性的研究。在现实生活中,我们也没有看到不同性格的孩子之间,比如内向还是外向,发展有着非常明显的区别。性格对外语学习的影响,我们不用考虑太多。值得考虑的是如何因材施教、因性格施教。

既然提到性别,我们又要划重点,一键三连问:

- 孩子的性格从哪里来?
- 个性意味着什么?
- 如何培养孩子的良好性格?

➢ 孩子的性格从哪里来？

自弗洛伊德的精神分析学说问世以来，很多研究者认为，儿童后天的成长环境决定他们的性格。现代研究则表明，先天与后天都和性格相关。孩子的整体性格，是由先天家长性格的遗传，加上后天外界环境、培养等诸多因素决定的。

先天后天孰轻孰重？

先天稍重，后天略轻。

儿童性格有一半以上是由基因遗传、也就是先天决定。科学家们对刚出生便被分离、在不同家庭长大的双胞胎研究表明，大多数双胞胎即使不住在一起，在长大后他们的性格还是很接近。对新生儿的研究也表明，孩子出生几天甚至几小时之内，父母就已经能够感受到孩子的性格。儿童在出生后不久的哭泣、咳嗽、害羞、对外界刺激的反应，甚至在妈妈妊娠时，在她们肚子里踢击的频率、都能反映出孩子性格的表达。更有趣的是，随着年龄的增长，孩子有些方面的性格变化并不是很大。虽然所有的婴儿都会哭闹，但有的孩子哭得多、有的哭得少。而在长大以后，哭闹得多的孩子，往往也更害羞、更腼腆。

不论性格受先天因素影响的程度有多少，后天环境还是重要的因素。如果把孩子比作一架冉冉升起的飞机，先天因素是飞机飞行的方向，而后天环境就是父母、家庭、社会作为飞行员，对孩子飞行航路的调整。

那么，孩子身上的哪些性格受先天遗传因素较多，相对稳定不容易改变？又有哪些性格特征受先天遗传因素较少，更容易在后天改变呢?

性格中最难改变的是孩子对权威的遵从程度,领导能力等。

孩子比较不容易改变的个性,是孩子对生活的热情、幸福感,觉得自己与周围环境格格不入的疏离感,自身的脆弱程度、抗压能力,承受恐惧、承担风险的能力,对美的感受程度等。

孩子比较容易受后天环境影响而改变的个性有:与他人的亲密程度,冲动、谨慎的程度,实现自我价值的动力、雄心,朝着目标努力的倾向性等。

孩子越是不容易改变的个性,我们在培养时也越难,和外语学习一样,需要持续努力。如果父母要想培养孩子成为未来的领军人物,那从一开始,就要注重对孩子领袖气质、领导能力的培养。

➢ 孩子的个性意味着什么?

我们归纳四点:

第一,虽然这样说有点像买彩票,不过有些孩子确实更好带,有些更难带。从建立良好的睡眠模式,到健康的饮食习惯,对每个孩子的培养都是一个截然不同的任务。因为孩子的个性不同,有的家长就是需要在教育上付出比其他家长更多的心血。

第二,有的父母喜欢拿自己的孩子与别人家的孩子做比较。这里比别人差,那里比别人好,父母要坚持引导,但也不用总想着把自己难以驾驭的孩子变成机器人模范生。孩子的主要性格不会轻易改变。

第三，有的父母常说这个孩子个性好，那个孩子性格不好。其实从发展的角度来看，孩子的个性无所谓好坏，关键还是我们如何因地制宜地去引导。比如一个晚上睡眠从来不哭闹的宝宝，在儿童时期可能会变得特别固执、难以驾驭，而在长大成人后，却可能将再这份固执转化成坚毅和恒心。

第四，研究发现以下四种性格特征明显的孩子，在未来产生个人问题（如酗酒）的可能性会高于其他孩子：冲动的程度、焦虑敏感的程度、寻求刺激的程度、绝望感的程度。如果家长早早发现孩子在这四点上表现得很强烈，那就需要特别关注留心，调节孩子的个性。如果有必要，可以考虑儿童心理专家的介入。

➢ 如何在后天引导孩子，培养其良好性格？

性格决定命运，性格决定人生。孩子的性格对他们的发展和未来有着深远的影响。不论先天性格有多么难改变，家庭、社会环境仍具有不可忽视的影响。一个良好的环境，能促成孩子的性格往更好的方向发展调整。比如，一个天生害羞的孩子，可能因为父母的正确引导而变得不那么害羞。

那么我们如何在后天培养孩子的个性呢？

逐渐改变。研究表明，孩子的性格会受父母气质的影响，而产生持续微妙的变化。这些变化虽然在平时很难注意，但会在父母与子女经年累月的互动相处中逐渐养成。孩子的性格往往会接近父母。这也意味着父母要十分注意自己言行举止、性格气质。

父母与孩子之间，就某一种个性特点进行有质量的亲子互动，也可逐渐改变这个性格。互动时越亲密、越投入，改变也就越大。特别是，越要改变那些具有最强遗传特性的个性点，孩子与成年人的亲密互动就越有必要。比如培养孩子的领袖气质，从娃娃抓起，那自然是极好的。

每个孩子都有自己的性格。如果父母有好几个孩子，不要只是一视同仁，更可以因材施教。要引导和塑造一个孩子，必须首先尊重、适应他们的性格，然后再是培养。比如，如果家里有一对兄妹，哥哥勇敢妹妹胆小，那我们要让勇敢的哥哥更注意周边环境、不要贸然行事，而鼓励胆小的妹妹尝试更多的冒险，与社会多接触、多锻炼。

统计研究发现，只有大约半数父母和孩子性格相近。有些父母在遇到孩子脾气大时会自责，责怪自己没有做好养育工作。还有的父母会相互埋怨。这些是都没有必要的。父母之间要互相谅解对方养育孩子的行为习惯，灵活处理孩子的性格问题。如果在如何抚养、培养孩子上产生争议，可以寻求科学解答。

之前我们有提到孩子的个性无所谓好坏。当他们的性格与其他人（比如老师、家长）不同时，才导致了冲突，产生了所谓的好坏。性格不同、不代表不好，我们要尽量包容，不要轻易给孩子贴上性格有问题的标签。孩子听到这种负面的标签，会极大影响他们的性格发展。负面标签反而会加剧负面性格的产生。

在不同年龄阶段，孩子的性格会折射出不同的光芒。父母就像一面棱镜，培养的角度影响着孩子的闪光。只要我们坚持对孩子进行性格上的鼓励与引导，再难搞的孩子在未来都必成大器，我们千万不要放弃啊。

除了父母和家庭，孩子身边的文化环境也会影响他们的性格发展。比如美国父母常常鼓励孩子们积极竞争，中国父母则希望孩子宁静致远。作为父母的我们，是觉得适者生存，需要让孩子适应没有信任感的社会，以后不要被别人算计呢，还是觉得树立是非对错、信任他们人的价值观，但需要承担未来被骗的风险呢？想要鱼与熊掌兼得很难。不管父母做什么选择，都是为了孩子。

最后提醒一句：当今社会人人有压力，不论是谁都会有情绪上的冲动、悲观的时刻。我们尽量不要把工作时产生的压力、负面情绪带回家。给孩子正能量是一件一举多得的事情。家长能收获养育孩子的乐趣，化解自身的压力，增加自己奋斗的动力。孩子能获得阳光乐观的成长环境，收获光明的未来。

➢ 总结

性别和性格会影响外语发展，但是影响不大，反而是对孩子性别的塑造和性格的培育，对他们的全方位发展影响太大

（Lewis，1977）。在低年龄段，因为孩子还不成熟，帮他们更好地处理焦虑能在一定程度上促进语言与认知的发展。总而言之，外语学习的关键在孩子所在的家庭教育、社会环境。只要我们因地制宜、善加利用孩子的特点，就能事半功倍。

第二部分
我们最关心的外语学习问题

问题12 孩子学外语成功的主要因素有哪些?

在这一讲里,我们把重点放在人力资源上。

我们在引言里有说,孩子学外语,收获的不仅是语言,还会有认知发展、感知力、社会包容心、性格发展、心智发展、心理建设等优势。如今,虽然许多外语培训、外教机构在纷纷调整,但是外语在学校教学和考试的比重,下行调整的力度并不大,所以我们还是要讨论孩子怎么学外语最好。

孩子学外语成功的主要因素,可以从他们接触语言的"质"与"量"开始看起。

➤ 质

我们先说质。为了方便阅读,我们把孩子身边所有说外语的人,都称为孩子的"外语提供者"。这个提供者可以是我们自己、住家帮手、亲朋好友、老师邻居、社会人士等。以下几个"质"的要素影响孩子的外语学习。

外语是不是外语提供者的母语

有时我们会觉得外国人都差不多,不太容易分辨他们的母语是什么语言,但确定外国人的母语是非常重要的。如果外语提供者的外语是他们的母语,那对孩子的外语学习会更有帮助,孩子对该语言的学习效率也更高。从母语者那里学习，在单位时间里认知的新词汇量相对更多，对语言体系的建立也更成熟。

孩子的身边可以有许多外语提供者，而我们建议至少安排一个外语为母语的语言提供者。当然，这也要看孩子是不是喜欢和这个人进行沟通交流。一般来说，孩子是比较倾向于从母语者那里学习语言的，毕竟是母语，人家说起来更自然。

外语提供者使用该语言时的熟练度和复杂度

外语提供者对于使用该语言的熟练度、复杂程度，都会影响孩子语言的发展进程。比如在使用外语时，句子的长短，词汇的用法，意思的表达，我们都要求准确、地道。外语提供者如果想做到准确可能还比较容易一些，但如果想要做到地道，就需要长期在该语言环境中工作、生活才行。只有准确地道，才能熟练复杂。只有外语提供者熟练复杂地使用语言，孩子才能学好。

外语提供者的口音

外语提供者的口音影响着孩子的外语听说。如果希望孩子的外语听起来更"纯正"，即符合外语母语的发音，那自然也需要一个口音"纯正"的外语提供者。这个人可以是家长（涉外婚姻），也可以是老师（外教）。如果我们找外教作为孩子的主要外语来源，我们要搞清楚对方的语言背景，亲身感受一下对方的口音是不是符合自己的心理预期。

口音纯正的外语提供者，对于孩子口音的培养是必要条件，而不是充分条件。因为老师不可能一直陪在孩子身边。如果要让孩子的口音完全符合"纯正"的标准，那得和外语提供者有非常多的时间进行交流,每周一到两次的外语课是不够的。

除了"纯正"外语提供者,如果孩子身边有更多的人说外语,不管是不是母语,纯不纯正,都是好事一桩。比如家里要不要请菲佣这个问题。虽然英语是菲律宾的官方语言之一,但许多菲律宾人的母语是塔加洛语(Tagalog)。因此我们在请菲佣时,要特别留意他们的英语中带塔加洛语得口音是重是清。如果塔加洛语口音较重,我们不建议将此人作为孩子的主要或是唯一英语来源。不过将他们作为孩子的次要或多元化英语来源还是很不错的,大家千万不要小看、轻看那些不会说中文、只能用英语和家人沟通的菲佣。如果对方不说中文,就意味着孩子、家人不得不和菲佣说英语。大家千万不要小看这"不得不"这三字,它们恰恰是打通孩子使用英语的任督二脉。我们变相为孩子创造了一个必须使用英语才能交流的情况,而交流胜过一切。

最后快速说一点。如果外语不是我们的母语,我们说外语时也带有中文口音,这样要不要紧呢?不要紧。使用非母语交流时带有口音,是非常常见的事情。不同地方、不同人说外语,口音也不一样的说。更多的口音变化,也可以增强孩子的语言听辨能力。

总之,如果有外语为母语的提供者自是最好,如果没有也不要紧。多胜于少,有胜于无。

儿童周边外语提供者为母语的人数比例

家庭小环境,社会大环境。孩子的周边环境对他们的成长至关重要。环境越多样、越国际,孩子学外语也更方便、更容易。我们可以积极寻找、制造这样的环境,比如双语幼儿园、英语角,鼓励孩子用外语多交流。

我们自己也可以以身作则。和别人用外语沟通时,不要怕说不好,这不打紧。我们害羞,孩子也开不了口。为了孩子,我们也要豁出去。之后我们还会提到,可以在假期旅行目的地的选择上动脑筋。如果在寒暑假带孩子去说英语的国家旅游,一圈兜下来,孩子的英语水平也会长进不少。

直接或间接的外语接触

除了和母语相关的话题外,外语提供者与孩子的互动方式也与他们的学习效果相关。孩子与外语提供者直接的互动、语言交流,学习效果要好于孩子在周边环境中间接听到的外语,而间接听到又比没听到要好一点儿。

这一点也引申到外语视听材料。有这些材料是好的,但不一定就是最有效率的。我们可以把这些材料和外语提供者的互动、教学指导结合起来,先互动学习,再通过相应的视听材料巩固、回顾之前学习的内容。把孩子放在电视机前不管,孩子也能学习外语,但效果就要差一些了。家里一直播放外语电台节目作为背景,孩子也能学习外语,但效果就差十万八千里了。外语接触越间接,对孩子本身外语水平的需要也越高,才能很好地利用这些间接资源。

两种语言混合使用的程度

在很多双语儿童身处的语言环境里,两个语言是混合使用的。特别是在外资企业工作的家长,自己也常常把中英文混在一句句子里。外语提供者如果经常混用两种语言，儿童也会这么做，而这有可能影响他们的语言发展进程。所以如果可能的话，我们尽量不要把中文和英文混在一个句子里使用。不过如果我们做不到，或是常常忘记，也不必强求。毕竟养娃已经足够辛苦，我们不用在自己的语言使用上增加额外的心理负担。

不过在语言混用上，我们要"双标"，记住对我们自己的要求，和对孩子的要求不一样。如果孩子把中英文混在一起，我们不必去纠正。孩子混用两门语言只是暂时的现象。只要外语环境够多够好，他们对语言的混用就会慢慢消失。

除此另外，我们也可以考虑使用一个小技巧，就是在不同的场合，说不同的语言。比如在平时说中文，客人来了说英语。或是在每天晚上都用英语给孩子讲一个故事，并且用英语交流对故事的心得体会等。这些都是不错的分开语言的做法。

质的总结

孩子学外语，如果家里没有外语资源，可以找一个外语流利、口音好的老师。他们的外语要自然流畅、丰富多样，从长期来看对孩子外语的浸入式学习有很大的好处。

与此同时，我们要鼓励孩子多用外语和他人交流。如果没有老师，或是直接使用外语交流的条件，给孩子间接的外语资源也是好的。在我们自己和孩子交流时，如果能分开中文和外语，不混用语言，那自然是极好的。不过当孩子混用两门语言时，我们也不用纠正他们。

语言的质到位了,孩子会有更好的语言处理能力和对语言体系的认知。

图片来自网络

> 量

说完了质来说量。孩子学外语,在量上最关键的影响因素有:语言接触量、由其衍生的语言接触程度以及优势语言这三个概念。

语言接触量

顾名思义,这个概念最简单。孩子接触外语的多少、时间的长短,语言的密集程度,直接影响着他们的英语能力、词汇量。

在国内要让孩子多接触外语,需要父母寻找资源,并且提供足够时间,比如前文中有提到的让祖辈带着孙辈去学。

语言接触程度

语言接触程度,在这里指的是对一门语言接触的量,占所有语言接触量的百分比。比如一个只学中文的孩子,那外语的接触程度就是 0%。一个中文外语各占一半的孩子,外语的接触程度就是 50%。

那么孩子要接触多少程度的外语,才能很好进行学习呢?虽然科学界对这个问题尚无明确的答案,但有研究显示,如果孩子对外语的接触少于整体语言接触的五分之一,那即使他们能听懂外语,也不会主动地去使用外语和别人对话交流。

我们可以以一周为单位,测算一下自己孩子的外语接触程度,看看够不够。如果我们平日里每个白天都给孩子一定的外语教学或是视听内容,每晚都陪孩子读一个外语故事,周末再找一个时间段,集中进行一些外语相关的活动,那大概能达到基本需要的接触程度。

如果想要让孩子的外语达到母语的程度,那接触程度控制在 35% 以上比较好。

优势语言

根据语言接触程度的百分比,我们可以知道孩子听哪个语言多些,哪个少些。国内最常见的情况是孩子接触中文多、外语少,那中文就是孩子的优势语言。

我们曾在前文中提过,优势语言有着很大的控制力,会掌控孩子的思维,影响甚至于吞食另一门语言,不给它活路。是的,就是这么可怕,这么现实。

那在国内咋办呢?给外语创造意义。孩子觉得外语是有意义的,就能化被动为主动,化劣势为优势。

量的总结

孩子要学好外语,一定要尽量多的身在此语中。在国内的情况下,沉浸最好、多多益善。另外,优势语言也就是中文会挤压弱势语言即外语的生存空间。我们要注意外语的质与量,为孩子创造学习外语的动机和意义,保证持续、充足、良好的外语供给。

请注意,持续、充足、良好,这三者缺一不可。

除了语言接触量、语言接触程度及语言优势程度外,还有很多其他因素影响语言发展。比如孩子身边有多少人说这个语言,孩子是不是经常外出等。

问题 13　孩子学外语的主要挑战是什么?

挑战有很多,我们说五个。说多说重了,怕吓到宝宝们去恐惧型、冲动型消费。我轻声慢语,您娓娓听来。

➤ 学外语的动机

最普遍的动机是应试。从小到大,孩子要想进入心仪的学校,对外语都会有显性或隐性的需求。即使现在外语在应试上的比重略微缩减,该动机仍然存在。

如果把动机放在超越应试、增长孩子见闻的高度上,那我们要提前想好、区分好外语对孩子的未来意味着什么,是用来进行单纯的交流,还是工作的手段。孩子之后是进国企、民企还是外企,毕业后是在国内工作还是赴国外深造,深造后是海归还是留下,对于这些,我们要早打算、早安排,不要觉得为时尚早。人类的绝对、相对数量都很庞大。我们要早早安排,给孩子打开伟大航路的大门提供良好条件,让他们活跃在世界舞台。这些问题之后会有一讲,专门讨论。

➢ 开始的启动

之前我们已经说过,学外语越早越好。不过万事开头难。如果没有接触外语的习惯,突然在生活中增加一个必须要做的事情,感觉会很突兀。可转念再一想,养孩子,以前也没做过,每天不也是有哭有笑、一把鼻涕一把泪,把孩子拉扯大。该做的事,还是要去做的。坚持就是胜利。

在开始启动孩子的外语学习时,我们不要一下子就大手笔地花很多钱投在一个单一的项目上,比如立刻给宝宝报一个一年份的外语课程项目。我们要先尝试、试用一下项目,了解老师好不好、课程怎么样。如果不是一对一的教学,老师对每个孩子的关注度有多大,孩子能不能适应老师、教程、教学环境,老师和孩子之间有没有默契感,是否协调等。

最近一段时间,很多培训公司出现了营运问题。其实不仅仅是儿童教育培训机构,成人外语培训机构也出现各种问题，比如华尔街英语、韦博英语、迪士尼英语等。有些教育公司收了一笔年费，但是过了一个月就宣告破产，卷铺盖走人。公司大多是有限责任。它们破产了，我们交出去的学费也就要不回来。这些都是大家在启动孩子的外语教育时要考虑的事情。

➢ 家庭的坚持

我们在启动时咬一咬牙开始，在启动后依照惯性坚持。坚持是成功的保证。其实我们不管做什么，只要坚持，最后都能做出一番成绩。只要功夫深，铁杵磨成针。

让孩子走哪条路都好，科研还是慎重考虑一下，
亲身经历，累死本宝宝了！
图片来自网络

➢ 合适的语境

我国主要环境是中文普通话，根据居住地的不同，再加上当地的方言，很是考验我们去寻找合适的外语环境。这一点也成了孩子外语学习的关键。

之前说过，我们自己就是资源，可以提供外语环境。即使自己外语不好也不要怕，"妹妹你大胆的往前走"。如果找到了外教，要注意他们的资质、能力、质量。除了网络资源，我们也要看看身边有没有让能孩子参加的外语小圈子。家家都有孩子。我家的需要也是你家的、大家的需要。所有孩子都面临着外语学习的问题。有必要时，团购、团选也不失为一个妙招。

吃饭时我们教导孩子不要挑食，但选择外语产品时可不能不挑，要根据孩子的口味来挑选。如果有的挑，我们要根据孩子的口味来挑选。这里他们的口味，指的是孩子的年龄、外语程度、爱好等。现在网红专家满天飞。我们在面对各种意见，拣选社会资源时，要带有怀疑的眼光、货比三家再"下手"。

▶ 社会的变化

所有家庭都在社会中生活，所有人都是社会人，都需要适应、应对各种国家、社会政策以及它们的变化。比如之前提到的外语学习机构的关闭，我们应如何寻找替代方案？对外语学习的态度是否变化？政策导向、社会风气等都会影响家长对孩子外语学习的安排。在培养孩子成为社会人上，我们要根据孩子发展的长远目标，适时引导调节，决定孩子的时间分配，优先学什么。

全面培养太累太辛苦，我们可以在让孩子了解各种知识的同时，专精于几项特长、持续发展。

问题 14 早教机构纷纷落幕，孩子怎么系统学外语？

➢ 听

有家长用"洗耳朵"来形容外语输入，很是贴切。外语频道、儿童节目、动画光碟，甚至是网络播放的普通外语节目（需注意过滤掉色情、暴力的内容），都可以作为外语资源播放。如果家里的孩子年龄较小，家长对孩子的视觉发展有顾虑，不想让孩子过早接触电视的，可以考虑外语电台、广播、儿歌等形式。不过在孩子理解能力有限的情况下，纯听觉的外语帮助是有限的。特别如果孩子只是被动地听，外语学习效率会非常低，还是要有主动性、互动性比较好（Weisleder & Fernald, 2013）。在孩子有大量空余时间，而我们因为工作忙碌、没有时间的情况下，高质量的视听影音值得考虑。

➢ 说

从早教机构到网络课程，孩子接触外语的时间有限而珍贵。我们要利用有限的外语时间，大量激发孩子，鼓励他们的语言输出。在说上，我们细水长流。一是以自己的肉身扛起输出，利用亲子时间，和小朋友用外语沟通交流，鼓励输出。二是我们在住家附近（比如同小区）和有同龄孩子的家长，一起建一个家长群，用来沟通交流，看看附近有没有好的幼教资源,有没有老外有兴趣教孩子。我们不要被动等待、守株待兔,要主动出击、寻找资源。好东西不是等来的,是找来的。三是调查周边社区(比如图书馆)的各种儿童活动。体操、游泳、亲子按摩、儿歌,各种亲子活动适合各种年龄段的儿童。我们要长个心眼,分辨这个活动主要是为了卖东西、卖产品还是真正的亲子育儿。四是网络课程。优先考虑一对一或是参与人数较少的网课。优先考虑孩子在开口时能得到即时回应的网课。优先考虑直播类的网课。

➢ 读

外语读物五花八门,只要孩子有兴趣,读啥都行。需要注意哪几点?一是适龄。按照孩子的年龄、认知能力来选择读物。目前孩子对什么事物感兴趣,就选什么。现在有个比较流行的外语阅读材料叫牛津树,其中有许多自然拼读的内容。年幼的宝宝可能还不能立即适应,需要先用其他更基础的读物熟悉起来。二是附加。看一下读物自带的附加功能,比如应用程序,比如点读笔音频。看看哪些功能好,哪些不好。父母常见的选择误区,是认为读物的声光效果越多越好,越花红柳绿越好。有时过于刺激的声光效果反而会喧宾夺主。孩子虽然注意力更集中了,可是他们把注意力都放在声光效果,而不是内容上,导致实际学到的内容变少。捡了芝麻,丢了西瓜。三是陪读。不管是亲子陪读,小伙伴一起读,还是外教陪读都是极好的。

最后提醒一点，不论是什么读物，我们都要注意使用上的安全。比如读物纸质材料，边角会不会锋利划手，点读笔会不会太尖戳到眼睛等。

➢ 写

一般早早教，都是基于听、说、读，写是最容易忽略的部分。孩子年纪上去以后，该写的还是要写。如果不用笔，学习打字也可以。有时候孩子说外语，我们听不出其中的错误，但当他们写出来时，有些潜在的问题点就会浮现。而且孩子越往上行，他们的写作能力就越重要。比如到了高校这个阶段，如果是外语教学，那孩子的外语写作能力和他们的成绩是直接挂钩的。我在国外高校任教，就连外语是母语的本地学生都对写作叫苦不迭，而写作任务从大学一年级开始直到毕业

高校、科研对写作的要求超高。我写出来的文章干巴巴，每每看时，都会提醒我自己要多吃香蕉。

图片来自网络

都无所不在。若是再往后读研、特别是博士时,不写出一本书来都毕不了业。

关于写作,我们再提一笔。和中文的硬笔书法、钢笔练字一样,英语书写也是一个独特的加分项目。不要以为电脑时代就没有手写。不论是哪个语言的书写,越是脱离纸质的时代,在需要用到手写的时候,在关键时刻使用,越是会给人留下深刻的印象。比如在求职时手写一封求职信,或是在求偶时手写一堆肉麻话,书写字体优雅,就会有幸福来敲门。

问题 15 孩子学了外语,但平时不愿意说怎么办?

➢ 听说不对等

听说不对等,这里有两个点。

第一点,宝宝能听懂多少外语、和他们能说出多少外语,是不对等的。孩子年龄越小,"说"越是"懂"的冰山一角,听懂的是冰山、说出来的是角。换而言之,孩子听懂一门语言的内容,要比说出来的内容多很多(Liu & Kager, 2017)。

第二点,孩子能不能说一门语言,和说不说那门语言,是两码事。孩子听得懂、有自己的想法,也未必说出来。有时是因为性格。不是所有人都是口若悬河,滔滔江水,连绵不绝。

有些孩子可能是天生的观察者,又有的孩子喜欢积累知识。所谓不鸣则已、一鸣惊人。有些孩子要么不说,一说就是完整的句子,出口成章。有了这样的孩子,恰似存了钱不拿出来显摆,自己偷偷数着乐。

观察者(The Watcher)在漫威宇宙(Marvel Universe)中剧情分量十足。它们是一个强大的种族,身处在宇宙次元之间的夹缝中,观察记录着宇宙的兴衰,任由文明发展、毁灭而不干预、不干涉。懂,不一定就要说。

➤ 多输入

日积月累、滴水穿石。孩子还小的时候,即使能听懂外语,也会习惯用中文回答。只要输入增加了,听得多了,孩子的输出、说外语,也会变得更容易。

之前我们说到,要注重输入的"质"与"量"。但是在资源有限的情况下,对质或量的妥协,也是一种选择。这里的妥协,是指在没有较好外语资源的情况下,用视听影音等材料来代替直接、互动的外语输入。外语学习,输入多多益善。

▷ 关联需求

孩子六个月大时,已经对爸爸妈妈、食物名称等许多关键词有了认知(Bergelson & Swingley, 2012)。这些词语最早被孩子记下,经常听到是一个原因,有需求是另一个原因。最近流行一个躺平的概念,听上去很诱人。可是如果大家都没有需求,全员躺平,那人类社会就没法发展下去了。当然,过度的需求也不好,比如对金钱、权力的过度追求,会使人失去人性、沦丧道德。可没有需求也不行,没有压力就没有动力,人类难以进化。

如果把外语学习和孩子的需求相结合,他们记忆的难度会减少,开口的意愿会增加。需求对语言的作用,在我们成人身上也能体现。虽然咖啡(café)、拿铁(latté)都是外语的音译,

阶段	需求	内容	阶段	阶段
先低级阶段 后高级阶段	自我实现	道德、创造力、自觉性、问题解决能力、公正度、接受现实能力	富裕阶段	成长
	尊重需求	自我尊重、信心、成就、对他人尊重、被他人尊重	小康阶段	归属
	归属需求	友情、爱情、性亲密		
	安全需求	人身安全、健康保障、资源所有性、财产所有性、道德保障、工作职位保障、家庭安全	温饱阶段	生存
	生理需求	呼吸、水、食物、睡眠、生理平衡、分泌、性		

如果使用马斯洛的金字塔需求理论,孩子的基础需求,要从物质温饱、情感稳定开始逐渐发展。在育儿上,这个理论不如之前说的水桶理论适用。孩子的生理、安全、感情、尊重,缺一不可,与其说是层层递进的关系、不如说是环环相扣的关系。

但是对于常喝咖啡的人,这些词一下子就能记住,毫无困难。

注意孩子的需求在各年龄段不同,有兴趣的读者可以反刍一下各种需求理论。

➢ 关联乐趣、关联兴趣

喜欢玩乐是孩子的天性。有乐趣就有兴趣。把外语学习和孩子的兴趣相结合,结果会让我们喜不自胜。

这种兴趣可以是知识上的兴趣。比如之前提到过的,去了自然博物馆、动物园,孩子就会因为好奇,去学习有关动物的单词。一旦他们对某个知识点产生了兴趣、开始钻研,我们就可以节省许多时间,坐收渔翁之利。

这种兴趣也可以是习惯上的兴趣。重要的事情说 N 遍。从和爸爸妈妈一起读书,过渡到自己读书,是我们反复强调的好习惯。

这种兴趣还可以是玩乐上的兴趣。比如用外语唱一首简单的儿歌、回忆一个日常的场景、表演一个童话剧。一个馒头可以引发一场血案,一个玩具就能引出一个幻想故事。

关联乐趣、关联兴趣放在大龄孩子甚至是我们的身上都适用。喜欢英语游戏、日本动漫的人,英语、日语自然会好一些。喜欢看港剧、韩剧的人,广东话、欧巴思密达自然会飙一些。

➢ 创造语境

在学习外语中,"沉浸式"教学法是极为有效的方法。这个方法指的是全天候使用外语进行交流,就好像身在国外一样。"沉浸式"教学法为学生创造一个纯外语环境。

以此类推,在能够给孩子创造沉浸式外语环境的时候,就要抓住机会。这种环境有时是我们刻意的安排,比如几个带娃的妈妈聚在一起说外语,有时则是出其不意,比如在路上、公园里与外国人的突然的互动,甚至有时是"逼不得已",比如在和不会说中文的人交流时,不得不使用外语。

还有一些比较独特的语境情况。一是"情景表演"(在这一点上可以和孩子的乐趣、兴趣相对接)。二是在外语学习时,与环境相关的具体情况。即使常见如天气、冷热,我们都不必忽略,任何事物都可以大谈特谈。三是学习环境的场景本身,比如吃饭时用食物、餐具等相关的外语、洗澡时用浴室相关的外语等。我们可以人为制造或是善加利用这些场景,激发孩子的外语学习。

➢ 轻松愉快

许多父母把"发光"的希望寄托在孩子身上。郎朗的钢琴出神入化,可学琴的过程异常艰苦,而且除了琴,其他领域的发展可能会受影响。学习外语确实需要步步为营,可是不必步步紧逼。我们不用去强迫孩子学外语、说外语、做翻译等。孩子年龄小时,如果用词、语法说错了,我们甚至不必纠正,只要把正确的说法多说几遍,在不同场合下反复使用就好了。

语言是社会的基础工具,交流的手段。我们尽量以增加孩子的自主能动性，学习意愿的方法去培养孩子。这样他们轻松些，我们也轻松些。

问题 16 育儿问题，听大数据的，育儿书的，知乎的，还是网红专家的？

独乐乐不如众乐乐。这一讲应该能满足吃瓜群众的口味。

养儿千头万绪，我们问题不停。有了问题去问谁？在公众号里翻找，购买育儿书籍，上知乎搜索、百度知道。除此之外，大数据、网红也是当代的流行用语。我们分析一下各种途径的优缺点、需要注意的问题，帮助大家以最优化、最省力的方式收集信息。

➢ 大数据

从大到小，我们从大数据开始说。顾名思义，大数据的数据最多，理论上也最可信。但这仅限于理论。为什么这么说？因为我们接触不到。大数据的价值太高了。真正意义上的大数据，是少数存在，被牢牢控制。比如一个国家的档案信息管理中心，比如超大型跨国公司谷歌（Google）的母公司字母表（Alphabet）。国家、公司等通过大数据来预测社会、市场的趋向、走势，普通民众难以取得。

顺便说一句,信息是当今社会最宝贵的资源。许多人靠着信息资源的不平等而获利。比如股票,提前得到消息的人,可以在利好消息出来之前比别人更早买入。信息上的不平等还意味着权利的不平等。比如知识也是信息的一部分。如果没有足够的知识,就无法很好地分辨事物。古代男权社会,为了控制女性、绑架思想,推出女子无才便是德、三从四德等观念,剥夺女性平等获得信息的权利。没有信息,弱势群体不仅没法抗争,甚至不会孕育出抗争的意识。人类要发展、要前进,要达到一个公平、平等的社会,就需要以信息平等为基石。

国内幼教、育儿产品等相关产品市场份额逾千亿,产业巨大。在巨额利润的诱惑下,推广幼教产品的公司一定会说自己的产品有效。有数据加持,劳苦大众更愿意献上自己的钱包。可公司手里的数据不是大数据,不是产品是否有效,而是产品卖出了多少、公司业绩怎么样。证明自己产品的效果,是幼教产品销售商避而不谈的棘手问题。因为这个问题是一个变相的科学"悖论"。此话怎讲?所有公司都想要证明自己的产品有效,但这会影响证明产品有效过程的真实性、准确性。如果产品无效,那么是再花巨资重新设计产品,还是稍微修改一下产品本身,再测试出一个有效的结果比较好?即使公司把对产品有效性的证明过程交给科研单位,结果往往也是一样的。如果研究结果是产品无效,公司不会选择发表对自己不利的结果。它们要么会把产品给其他研究机构,要么自己培植、注资一个研究机构,直到证明出自己的产品有效为止,皆大欢喜。资本家追逐的是利益,而非道德。

在研究儿童发展时,科学家还会使用所谓的"大数据分析"法(如 meta-analysis),说白了就是把对同一个问题之前研究汇总起来看。我在看几个用这种方法来分析双语对孩子认知发展是否有好处的研究时大跌眼镜。有的说学双语有帮助,有的说没帮助,取决于选择了哪些数据汇总。那么这样的大数据分析又有何用呢?

综上所述,我们在面对所谓的大数据时,要评估一下数据信息的数量和质量,不要盲目跟进、相信由"大数据"产生的结果。

➢ 育儿书

接下来说育儿书。育儿书最大的优点就是大而全。常常是一书答尽所有问。家长也喜欢为育儿大全买单。亲朋好友生养时,网购一书送到家,自己有问题时,拿在手上翻一翻。

育儿大全最大的缺点也是大而全。一本育儿书,一个作者。但作者是专才,不是全才。人的时间、精力是有限的。全才也许了解很多,但也可能会变成知识面广但不深。比如一位传染病学专家,主要研究传染病发病机制、感染等。你要去问他小儿麻痹症问题,他的回答肯定不如我嬢嬢好,因为我嬢嬢的研究方向是小儿神经内科。

我们要根据实际需求,购买或全、或专的育儿书。全则浅,专而深。

➢ 网络信息

从知乎到百度,网络信息的优点是方便,即搜即得。网络信息的缺点是答案的正确性无人监督、无人证实。点赞多的答案,是大家喜欢听、大家相信的答案,但未必是正确的答案。如果我们不能很好地分辨信息来源的真伪,就容易被忽悠。

网络又叫万维网,维度太广、水太深。我们在网上听到、采纳的信息未必是准确的,可多数是我们想听、想看的。因为现在网站的运算机制、信息推送机制,是根据我们的搜索记录、喜好,来提供内容、播放广告。它们无赖,我们无奈。

在参考网络信息前,要考虑其来源。源头清,信息可信度高;源头浑或是未知,还是不要蹚浑水的好。国家大力推广网络实名制,能在一定程度上帮父母理清源头。

➢ 公众号

微博、微信、抖音、小红书……许多父母从分享育儿经验过渡成专家网红。公众号有许多显而易见的优点。随时随地、手机阅读、图文并茂、欢乐多多。公众号潜在的问题还是信息来源问题。首先,自我养成型的网红专家、成功人士所分享的体会心得,大多是自己的个体案例。借鉴可以,能否复制却是两说。对别人家孩子适用的方法,对自己的孩子不一定适用。

其次,我们很难了解公众号的知识体系是什么,不间断发布的信息又是从哪里获得的?脸书(Facebook)创始人马克扎克伯格和他老婆普里西拉陈高薪聘请了一个儿童发展学的博士做为"保姆",帮他们带小孩、制订计划。这样的"保姆"知道从哪里得到最准确、最前沿的信息。如果公众号的知识体系不够,为了拼点击率、为了赚钱,就会用些讨巧有趣的内容吸引眼球。但科学本身是严肃、枯燥的,父母未必会去点击。

我也有个会令你等到花谢、望眼欲穿的公众号。
加了我,什么都有可能发生,什么都可能没发生。

➢ 权威人士

中国是权威导向性社会。大家比较相信权威的言论。打个比方,如果在读者的内心,把我放在一个儿童发展权威人士的位置上,那也会更相信我的"连环彩虹"。虽然这样说是在打自己的脸,但盲目相信权威人士是有风险的。比如许多研究《红楼梦》的权威人士,说《红楼梦》说的是清朝的故事,但在近期发掘的癸酉本里发现,《红楼梦》是对明末清初的隐喻。又比如之前有权威人士指出要高考取消外语,但既没有说清为什么,又没有考虑这样做对孩子的认知发展有什么样的影响等,后来不了了之了。

国外有个系列讲座叫 TED Talk,在国内外很有名气。在 TED 讲座系列里,曾经有一个关于外语优势的问题。不过这个演讲里并没有提到,这个问题本身任然有很多争议。科学家还在不断的进行研究。如果我们只看讲座，就会只注意硬币的正面，忽略其反面。科学界对事物的认知不是固定，而是不断发展的。以前觉得地球是宇宙的中心，一切围着地球转，还把宣扬地球围着太阳转的科学家布鲁诺活活烧死。现在知道，我们不过是宇宙中的沧海一粟。就算权威人士在某些方面，知道的可能要多一点点，但是在面对有如宇宙一般无垠的知识之海面前，这相对的多一点点也不算什么。

图片来自网络

自省吾身、谦虚谨慎，才不会一叶障目，看得长远。有自我判断、处理信息的能力，才能分析各种信息的正反利弊，培养自己的孩子。

➤ 软广告

我们手机上收到的很多推送表面上是送信息，但仔细一看、一想，其实是在推销。一旦发现软广告，我们还是避免采纳信息里的内容为好。广告的根本动机是商机、是赚钱。我们的根本动机是育儿、是幼教。不在一条路上。软广告也许在文字上编撰得更有说服力,但是诚信不足,有请君入瓮的感觉。明广告有时反而比软广告好。姜太公钓鱼,愿者上钩,光明正大地告诉我们产品是什么,优点在哪里,我们反而可以用节省下来的时间去调查、判断产品的好坏。

把软广告和权威人士这两个话题结合起来看,广告里经常出现各种这样或是那样的证据,我们要判断证据的强弱。广告里所谓的权威人士、权威机构认证,经常和违法张贴的老中医包治百病一样,不靠谱。

➢ 合适资源

一路说下来,其实就是长心眼、多分析,找到最适合解答我们问题的资源。那么在寻找合适的资源时,我们要注意什么呢?

一、核查信息来源

我们替孩子选择学校时,都先看它的升学率、财力物力、师资力量、教育质量。选择相信一个人、一个公众号、一种说法时,为什么就盲信了呢?

在这个专家学者满天飞的年代,我们不看年资,看经历。不看他们说了什么,看做了什么、做了多少、贡献多大。看他们做的科研是否适合回答我们的问题。

二、钱

你卖产品、带货、促销、直播,这些都没问题,但你的目标是我的口袋,还是我孩子的未来,这是我要考虑的问题。这两者并不冲突,我为孩子的成长投资,消费你的产品,各取所需、大家欢喜。只是我的钱要花在刀刃上,不要花冤枉钱,交智商税。面对任何和钱有关的事、物、人,我们都要长个心眼。

三、理解信息的本质

信息并不是放之四海而皆准,而是有着他们的限定条件的。比如父母每周能花多少时间陪孩子这一点,就有着极大的社会局限性。西北欧的许多国家在这一点上做了大幅改革,让父母每人每周工作三到四天,少赚钱,但是有更多时间陪孩子,这同时也为父母节省了高昂的幼托费用。如果父母周一到周五各工作四天,孩子在工作日里就只需要幼托三天。如果父母每周各工作三天,孩子在五个工作日里只需要幼托一天就行了。但这些选择的先决条件是少赚钱不要紧,因为这些国家保障医疗、养老。而国内父母基本上都是双职工,每周至少工作五天,再加上加班、内卷,工作时间更多,家庭时间更少。祖辈带孙辈的情况,在国内比比皆是。国外的育娃模式,国内可以借鉴,但不能套用。而且如果国家福利不够,国外的这个模式也很难营运下去。假如国家福利开支缩减,父母和孩子的亲子时间也会相应变化。真是牵一发而动全身。

好莱坞电影里的正反派对决,不是对就是错,不是好人就是坏人。信息不是好莱坞电影,不是非黑即白,而是有着多面性。我们有问题时,得到的解决方案不是非好即坏。我们只能选择相对于我们来说的最优解。信息活,我们也灵活。不墨守成规,与时俱进,更新观念。

很多电子产品播放的信息带给孩子华丽的视听冲击，牢牢抓住孩子的注意力。这一点对父母其实很有诱惑力。娃很吵闹，带娃也辛苦，如果让孩子看节目，他们能安静的学习，父母也省心，看起来是一个双赢的局面。但之前也提过，电子产品播放的节目，信息量往往不足。而且现在的产品一般会让孩子过于注意流于表面的声光效果，而忽略信息本身，或是给过于简单、不够复杂的信息。在同样时间里，孩子从电子产品的节目里学习到的东西，要比在社会上接人待物、看到学到的少很多。

电子产品还有潜在一个问题，就是越早接触，越可能培养起对它们的依赖感。这点对于我们来说也一样。想象一下，如果把手机、电脑、网络拿走，我们还能活吗？即使未来时代是电子时代，我们和孩子也不能过于沉迷电子产品。尤其是电子游戏这一类从一开始的设计上就是为了让人上瘾的电子产品，会把孩子牢牢的拴在自己的社会阶层，减少其上行的空间。虚拟世界很美，可终究不真实。与其在幻想中轻松逃避，不如在现实中负重前行，打拼出一片天。

问题 17 面对五花八门的外语读物、产品，我们怎么选？

这一讲也是雷鸣不断，诚意满满，保证各位，瓜不能停。

➢ 科学认证不存在

市面上许多外语产品,声称经过科学认证,但实际上有着强有力科学认证的外语产品并不存在。我们在前文中提到,市面上确实有着各种各样的认证,但它们的主要目标是在产品销售、盈利,和科学无关。根据利益冲突(conflict of interest)原则,科学研究可以做假设、但绝不能偏心,不然研究结果会不准确。可是产品生产商肯定会偏心,不论是自己证明、还是花钱请人证明,它们都希望自己的产品有效,即使没效也要说有效,即使效果不明显也要说效果显著。请别人证明,如果对方是一个马甲公司,那肯定不算。如果对方的目标也是为了盈利,那大家穿同一条裤子、一拍即合,也没法相信。如果对方是科研机构,即使不偏心,得出的结果是产品无效,生产商为什么会采纳?为什么会花钱去买一个对自己产品不利的结果?那么他们就会不停砸钱,直到测试出对自己有利的结果为止。数据造假,大小公司都逃不了。为了得到自己想要的、有利于产品销售的结果,修改数据、篡改资料,这些都是普遍现象,不是个别行为。不只是公司,哪怕是最顶尖的高校也不例外。道德在资本、人性面前很可能不堪一击,我们要保持警惕。

面对外语产品的认证,我们不用太关心。特别是在对产品数据的收集上,如果没有绝对中立的科学指导,几乎不可能得到准确的结果。那么面对五花八门的外语读物和产品,我们怎么选?

➢ 按照孩子发展进度选

科学认证不存在,不代表产品没有效。我们对儿童发展已经有了相当程度的理解。在引言中也有提到,孩子的脑发展、认知发展和他们的语言发展是紧密结合的。宝宝从开始的视听感知,到理解语音、语义、语法,一步步走过来,这也是实打实的。我们只要购买适合孩子年龄、认知的产品,为他们提供优质、多变、丰富的语言环境就好。

➢ 让孩子自己选

有的家长选了小猪佩奇绘本,发现孩子不喜欢。家长一开始以为孩子不爱看书,但后来发现孩子只是不喜欢小猪佩奇而已。每个孩子都有自己的兴趣、性格。喜欢什么、不喜欢什么,我们能看出来。这位家长后来发现自己的小朋友喜欢漫威英雄。虽然情节、单词对孩子来说稍微有一些难度,但是孩子就是喜欢听。

说是让孩子选读物,实际上选什么仍在我们的控制范围之内。孩子年龄往上走,不要让他们抱着低龄读物不放手。简单、容易、信息量少的视听材料,能学到的东西太少。

既然说到了孩子的喜好这个话题,我们就要抓住机会讨论:
- 孩子对事物的喜好为什么重要?
- 孩子对事物的喜好是天生的还是后天养成?
- 如何培养健康的喜好?

Wiley Online Library
Access by Universitetsbiblioteket i Oslo

INFANCY — THE OFFICIAL JOURNAL OF THE INTERNATIONAL CONGRESS OF INFANT STUDIES

RESEARCH ARTICLE | Open Access

Factors affecting infant toy preferences: Age, gender, experience, motor development, and parental attitude

Liquan Liu, Paola Escudero, Christina Quattropani, Rachel A. Robbins

First published: 29 June 2020 | https://doi.org/10.1111/infa.12352

我之前发表了一篇关于不同年龄段孩子对玩具喜好的文章，正好在这里做论述。

图片来源：*Infancy* 杂志网页

➢ 孩子对事物的喜好为什么重要？

一是因为这会影响他们的未来发展走向。

- 接触不同事物的孩子视野会不同，思考问题的方式也会不同。
- 虽然人类的发展进程大体相同，但个体发展程度不同。喜欢打游戏的孩子和喜欢运动的孩子，在身体发育上不会相同。
- 近朱者赤、近墨者黑。孩子现在或未来身边的朋友，常常是与他们兴趣相同的人。既然房价高涨大家做不到孟母三迁，那么孩子和哪些人走得近，在一起做什么事就很重要了。

二是因为如果个人喜好与发展需求相同时，会事半功倍，反之则事倍功半。

- 事半功倍,比如,能静下心来读书的孩子,对知识的掌握速度有促进作用。
- 事倍功半,比如,孩子不喜欢弹琴,逼着孩子练琴,父母和孩子都会很辛苦。

需要注意的是,辛苦并不代表这些事情不值得去做,孩子会有其他方面的收获(如练琴获得的技能、艺术感、自律性等),这点我们不在本文展开。总而言之,兴趣是外语学习的指南针。找到孩子喜欢的系列读物,学外语能事半功倍。

➤ 孩子对事物的喜好是天生的还是后天养成?

先天后天都有。

先天:每个孩子从出生时就是一个独立的个体,人与人性格各不相同。比如之前提到了喜欢运动的孩子,身体发育程度会比整天打游戏的孩子好些。可运动再多再好,孩子的基因、平时的营养,才是身体发育的大功臣。

后天:父母对孩子接触事、物、人的选择,他们的经验、经历,对他们的喜好起着关键的作用。比如,运动多的孩子,会更喜欢能移动的玩具。

如何培养健康的喜好?

在成长初期,孩子理解能力有限,但他们十分注意观察、收集周边环境里的信息。我们就在育儿环境中提供我们想要孩子接触的知识。举例说明,我在挪威做科研,和当地做父母的人接触时,发现很多人家里不设电视。父母有意识的把孩子的兴趣引向自然。在北京2022年冬奥会上,挪威能在奖牌数上拿第一,一点也不奇怪。冬天一下完雪,我同事就从办公室拿上滑雪用具,坐地铁去滑雪。冰雪项目是全民娱乐,孩子从小就开始接触。即使在冬天,孩子甚至是婴儿都会有足够的户外时间。我们身处的社会环境也许不允许这么做,但我们仍可以考虑让孩子多运动、更健康。

在孩子理解能力提高,紧紧跟随父母的阶段,我们在传授知识的同时,可以根据对孩子未来发展方向上的考量,来潜移默化的影响他们。比如,在和孩子讨论十万个为什么里问题的同时,若是有心让孩子了解物理化学的,就可以多读些相关的读物,逐渐引入入门书籍、准备相关的游戏,和孩子一起看、一起玩、一起学。为孩子的未来做准备,宜早不宜迟。机会只留给有准备的人。

在孩子理解能力更高,开始依照自我思维行事的阶段,我们仍然需要积极的引导孩子。他们若是主见大、不听话,不妨让社会做孩子的老师。用社会、生活中的鲜活事例,孩子的目睹、听闻来教育孩子,通常会给孩子留下深刻的印象。

不论孩子处在什么阶段,我们在孩子面前的一言一行、一举一动都至关重要。这不仅包括了我们与孩子的互动,也包括我们与他人、与社会的互动。我们常做的事,孩子也会有样学样的去做。比如我们说惯了三字经,却不许孩子说脏话,这是不可能的。我们整晚刷抖音,却不许孩子去英雄联盟、王者荣耀,也不现实。在电视剧《甄嬛传》里,当甄嬛评论曹贵人秉性不佳、屡生事端,担忧曹贵人的幼子日后长大成人、会不会变得像她母亲一样时,端妃补刀一句"耳濡目染,只怕是不行的",真是伤害拉满。

➢ 结语醒言

选择产品、培养喜好、教书育人,我们最后提两个醒。

第一,我们一般对孩子的发展集中在认知能力(智力、技艺)和生理(营养、健康)上,聚焦于孩子的语言(如外语)、艺术(如钢琴)等能力的发展。但不要忘记培养孩子的心理与习惯。人生有波峰也有波谷。强大健康的心理,能让孩子在未来的风浪中站稳脚跟,也能让他们更早的理解父母爱、父母心。良好的行为习惯,能让孩子长期受益,比如如何合理安排有限的时间以产生最大的效益,实现最大的价值。好习惯既提升自己的价值,又为社会创造了价值。

第二,《论语》里说"吾日三省吾身"。从古到今,自我反思是自我修炼、提升的课题。在现代社会里,大家都是小超人。要工作、要顾家,时间、日子如流水般过去。我们要坚持更新知识、充实自我、扩展视野、更新认知,以新角度、新思维思考问题。我们已经知道孩子的发展并非"树大自然直",而是种瓜得瓜,种豆得豆,那么就要在"种"上花功夫。既然种什么、怎么种是我们的选择,那么我们个人能力的拓展就会辅助我们的种植工作。我们强了,孩子也会强。从某种意义上讲,这也算得上是变相的"拼爹"。

问题 18　用电子产品、手机应用帮助孩子学习外语是利是弊？

现在很多人用手机、iPad 等电子产品哄娃，给孩子看动画片或是打游戏，将智能电子产品变成了孩子的电子保姆。那么问题来了：

- 用电子产品、手机应用帮助孩子学习外语是利是弊？
- 在何种情况下建议让孩子看手机 ipad 电脑屏幕？
- 有哪些需要注意的事项？

用电子产品、手机应用帮助孩子学习外语是利是弊？

我们先报忧、再报喜，从负面信息逐渐过渡到正面消息。

从宏观上看，孩子接触电子屏幕弊大于利。

1. 语言习得，知识习得：电子屏幕虽然吸引孩子的注意力，但其内容常有不适之处。如果是娱乐性内容，那知识信息量很低。这和电视节目一样的。综艺性节目确实能让我们欲罢不能，可是细细想一想，我们花同样的时间能学到多少知识？（但是之后我们会说一个关于娱乐性内容的特殊情况。）如果是教育性内容，电子屏幕在单位时间内能给到孩子的信息量，一般也低于真人互动的课程。不过，如果身边没有其他语言资源，那提供教育性内容也是好的。

2. 认知发展：承上所言，电子屏幕及其提供的相关信息难以让孩子塑造良好的自我认知、对他人的认知，需要仔细筛选教育性内容、回避娱乐性内容。

3. 身体发展：长时间看屏幕不但会引起用眼安全、身体长时间不动等问题，也使本来应该充分活动、释放精力的孩子的运动时间相对减少。

4. 社交情感发展：人屏互动时间的增加，意味着人人互动时间的减少。孩子缺乏社会互动，会对社交能力、情感表达能力的发展造成影响。

小结：欧、美、澳等地区与国家明确给出官方建议，学龄前儿童应该尽量少接触屏幕、多亲近自然。我们可以拿来主义，控制孩子使用电子产品的内容、时间，强调现实生活中的亲子互动、师生互动、社会互动，甚至是孩子与孩子、学生与学生之间的交流互动，也能给孩子带来学识、社会理解、与人接触的能力。

父母接触屏幕对孩子来说也是弊大于利。

1. 亲子关系：网络电子时代，催生出"隐性失陪"的父母。人是陪在孩子身边，心却在微信群、朋友圈、工作娱乐上。孩子会觉得自己不如手机重要。亲子互动、陪伴，质量等级可以简单概括为：我们主动参与孩子的活动＞旁观孩子的活动＞忙自己的事。

2. 以身作则：很多父母不让孩子用手机，但孩子说一句你可以我为什么不可以，父母们就无话可说了。尤其是当我们说用手机是为了工作，却被孩子抓包是在打游戏、刷微信微博的时候，不但让自己的理由变得没有说服力，还会让孩子产生对父母的不信任感。这种不信任感不是简简单单就能消除，可能会对孩子的身心发展产生深远的影响。我们言行一致，不受时间、环境等影响,孩子才会信服。我们不一致,孩子也会学。当然,如果我们目标就是培养孩子见人说人话、见鬼说鬼话,那就另当别论了,只是自己被反噬时也不要觉得意外,权当孩子翅膀硬了就好。

3. 安全隐患:物理隐患,我们是孩子的监护人。电子产品经常让我们精神不集中,忽略孩子可能身处的危险。精神隐患,虽然网络、社会上的负面信息,在孩子长大成人、走向社会后接触在所难免,但是在孩子的三观形成、固定之前,还是尽量避免接触,或是作为反面教材来接触比较好,不要放任不管。在国外,经常出现青少年看了网络信息的教唆,加入恐怖组织或是杀人放火的新闻,如果父母、社会注意、引导,也不至于到如此地步。

小结:我们要注意自己上网的方式是否合理、内容是否积极,给孩子树立榜样。培养孩子广泛、健康的兴趣爱好,未必总是要上网。

➢ 在何种情况下建议孩子使用电子产品?

现代社会人与人的距离由网络而缩短。有了网络,我们出差在外,或是祖辈不住在一起,也能和孩子视频聊天说上话。电子产品还能让孩子接触到新兴事物。比如亲朋好友在外旅游时,以视频与我们、和孩子沟通,可以聆听新语言、分享新世界、拓展新视野。

电子产品的使用和孩子的年龄、理解能力有关。年龄越小,越不建议使用。之前我们提到不建议使用娱乐性的外语内容,但是有一个特殊情况。那就是当孩子的年龄上去以后,可以吸收的东西会变多。有时表面上看了一个电影、电视,实际上学到了不少实在的语言用法。特别是在没有其他有效外语资源的情况下,是不是使用娱乐性外语资源,家长需要自己衡量利弊。因此,在使用电子产品时,我们要选择互动性强、能增强社会性的功能,让孩子得到新信息。从对外语游戏、影视的兴趣过渡到对语言的兴趣也是一条路,不过路有点险。

问题 19 孩子的游戏时间重要吗?学外语有哪些亲子游戏的方式?

首先声明,这里的"游戏"不是指上文提到的电子、网络游戏,而是指单纯的玩耍。

➤ 孩子的游戏时间重要吗?

重要。望子成龙,望女成凤。许多家庭都精养而不是散养孩子,精心安排他们的学习时间。艺术音乐、英语数学。我们有没有给孩子的"玩"安排时间?

探索环境、与周围互动,婴儿的玩乐开始得很早。他们喜欢触摸物体、感受纹理,将玩具拿在手上、放入口中。他们咿呀学语,学习如何引起大人的注意。他们协调自己的身体动作,掌握强化对事物概念理解。

对再大一些的幼儿来说,游戏提供乐趣、探索世界,了解环境、也了解自己。孩子可以在游戏中学到很多:在树叶上慢慢爬行的动物是什么,昨天遇见的阿姨叫什么。孩子还可以在游戏中测试自己:能做到什么,不能做到什么,应该做什么,不应该做什么,怎么扮演自己喜欢的角色最像,大喊大叫会引起别人的注意还是烦恼,和别人一起玩时,怎么交流最有效。游戏能帮助孩子在与他人、环境互动时理解并增强自身的能力。

对于年龄再往上的儿童,也会在玩耍时有所收获。体育、艺术、角色、知识、科学,游戏能帮他们发现自己感兴趣的事物,鼓励持续探索,培养未来技能,塑造自我人格。

总的来说,不要剥夺孩子的童年和他们的游戏时间。孩子会在游戏中学习,建立自信心,锻炼出更灵活的思考能力、问题解决能力、规则应用能力、情绪处理能力、直面恐惧能力、互动社交能力,培养出勇于尝试、不惧出错的习惯等。这些都会促进孩子青年期的继续成长。

➢ 对孩子的游戏时间有哪些建议?

第一,为孩子提供一个具有丰富互动要素的环境,可以是人,也可以是物。游戏环境和学习环境不同。学习环境是相对简洁好,其目的在于提高孩子的专注力。学习环境里东西太多，孩子容易分心。东西少点，可以把注意力集中在学习内容上。游戏环境虽然有学习效果，但目的是激发孩子的创造力、好奇心，环境里多一些东西没有问题。

第二，在问题 7 中，我们曾讲到孩子在结伴学习和社会环境中学习有着良好的效果。我们要因地制宜地引导孩子的游戏。比如如果孩子在城市里长大，那有利于他们身体发展的运动型游戏肯定就更重要一些。如果孩子是一个人在玩，我们又有时间的，可以加入、发问引导，亲子互动。

第三，对于许多家庭，孩子使用手机、iPad 等电子设备玩游戏不可避免。我们一定要注意问题 18 中提到的游戏的信息性、教育性与互动性，选择性能较强的益智游戏给孩子玩，并控制游戏时间。

> ## 学外语有哪些亲子游戏的方式？

和一岁前的孩子互动，我们可以"指指点点"。就是字面意思。我们可以通过用手指物体这个动作，让孩子的注意力转向目标事物。千万不要小看指点这个动作。孩子能理解指向的含义是指向的目标，而不是手指本身；但猴子就不这么理解，会光顾着看你的手指，不看目标事物。对指向动作的理解，反映了人类对指代的高等认知。除此之外，我们还需要注意一点。在我们指指点点时，可以指物，但尽量不要指人。用手指（一般是食指）指人在许多国家被看成是不太尊重对方的动作。如果需要指示方向、指人，用整个手掌做指示可能更合适。

在孩子再大些、能开口的年龄段,我们可以充当翻译,对同样的事物用不同的语言来表达。这里我们需要注意两点。其一,我们在使用外语时,可以说完整的句子,尽量不要在一句话当中混杂两门语言。我们也可以在一段时间里、一个场景下完全说外语。其二,孩子常开口,我们自然高兴,但如果他们不愿意多说外语,我们也不要强迫、硬逼着他们去说。我们可以自导自演,自问自答,自己一路说下来,孩子听着就好。

面对再大一点,能说外语的孩子,我们可以多多建立孩子的结构意识,帮孩子引申知识。比如去超市时,我们可以一起看一下草莓是水果,还有什么水果,草莓是红色的,还有什么是红色的,下回再去超市,就复习一下已知的水果,看看有没有新水果。让孩子摸一摸、闻一闻水果,买回家后洗一洗、尝一尝。草莓甜不甜,还有什么是甜的?其中摸、闻、尝,帮孩子整合了感知,洗培养了孩子的生活习惯。年纪小洗不好,就像外语说不好一样,不要紧,有样学样就行。

等到孩子外语说得有点模样了,我们就要在对话上加码。如果宝宝在外语的语用、语法上有错,不一定要明确指出错误,也可以多重复正确的说法。孩子在身边时,我们也可以自然地去和别人说外语。他们看着,如果愿意加入最好,不愿意也不要紧。孩子甚至可以自己和自己说外语,角色扮演,进入幻想世界。这些都能帮他们学外语。

再次重复提醒:不论何种年纪,有一种亲子游戏都十分值得,就是一起阅读。良好的阅读习惯对孩子的语言、认知发展有着长期、正面的影响。这里的关键词一是认知,代表着不仅仅是语言,而是跨领域到整体发展。关键词二是长期,代表着现在投资于阅读,收获的不仅仅是当下的语言能力,更是之后理解力、学习力等其他能力的提高。

亲子阅读怎么读?我们可以记住这四个大方向。

- 内容从简单向复杂转移;
- 内容从基础向专精转移;
- 形式从图画向文字转移;
- 形式从陪读向陪伴转移。

一开始就选择复杂的内容,可能揠苗助长,不利于孩子消化。从相对浅显易懂的内容开始比较好。从讲故事到讲道理,从听音到识句,一步一步来。年纪尚小的孩子,喜欢、也需要视听感觉上的刺激。比如网上有一些拼读游戏的道具,用打苍蝇、打地鼠的方式教孩子拼读单词。之后尽量早认字、多认字,从培养孩子的阅读兴趣,逐步过渡到培养他们的阅读习惯。早期以陪读为主,后期以陪伴为主。陪读是指和孩子一起读一个读物。陪伴是指父母和孩子在一起,孩子阅读、父母做其他

图片来自网络

事。从陪读到陪伴,亲子关系继续发展,孩子依然信赖着父母。

问题 20 胎教、手语、睡眠学习法分别是什么?对孩子学习有帮助吗?

如果您没有听到过这些学习法。那么恭喜你,没听过反而是好事。因为它们基本上——没用。

➤ 胎教学习法

胎教学习法应该是标题中三个学习法里大家最常听到的了。妈妈怀着宝宝的时候,要不要听点莫扎特音乐、九九乘法表的朗诵,提前让宝宝也听起来、学起来?

这是个好问题,因为胎教这个想法并非空穴来风。胎儿的确从妊娠中期起就有了感知能力。虽然还在妈妈的肚子里面,就已经能感受到声音、光线等,也就是说他们能听见也能"看见"一点儿。既然我们学习时要感受世界、吸收知识,而胎儿又具有感知能力,那么胎儿有学习能力这个逻辑,听上去就很合理。这种机会市场怎能错过?于是市面上便出现了五花八门的胎教产品。

这时候皮球就提到了消费者脚下。大家心里想着,胎教有没有用我不知道,可如果我不买,万一胎教有用,别人买了用了,我不是错过机会了吗?如今内卷严重,我的孩子也不能在起跑线落下。还是买吧。

有人宣传"莫扎特效应",说听莫扎特、巴赫的音乐会提高孩子的学习效果。其实"莫扎特效应"是不是真的有效,目前仍存在着很大的争议。对大数据的分析显示,听莫扎特、巴赫的音乐并没有明显的提高孩子的学习能力,最多能在短时间内影响、激发孩子的情绪。确实,音乐发展和语言发展有一定的相关性,但是所谓的"莫扎特效应"尚未得到有效的科学证实。莫扎特没什么直接效应,母亲听音乐不会让宝宝更聪明。但是间接效应是可能有的,比如孕期母亲情绪多变,而音乐能帮助稳定母亲的情绪和心理健康。

既然提到音乐,我们再多说两句。孩子天生就具有感知、欣赏音乐的能力。他们喜欢和谐的韵律、父母的吟唱。不过有两点要注意。一是胎儿的感知能力十分有限。频率、节奏、韵律等信息确实是能传进母体(Virtala et al., 2013),但是到胎儿耳朵里的信息,是被羊水过滤过的。我们可以自行想象一下,游泳时耳朵潜在水里,是听不清水面上人说话的声音的。不过妈妈说话就要好一些,可以通过身体直接传给自己的宝宝。二是胎儿的认知、脑发展程度十分有限。新生儿是会保留一些他们在母体内听到声音的记忆,但是保留的程度并不高。胎儿面对外界的声光刺激,能真正学到脑子里的只有那么一丁点儿(Suppanen et al., 2019)。

那么胎教到底有没有用呢？还是有那么一点儿的。研究发现,胎儿反复听到的简单内容,还是能映入宝宝脑海中的。但最有效的不是胎教产品,而是妈妈对自己宝宝说的话。胎教的关键,不是产品而是父母。如果自己外语好,我们要勇于做交流,甚至可以和亲朋好友"八卦",娱乐自己也帮了孩子。如果自己外语不好,我们可以参加胎教班、外语班,不一定非要出门,网络在线也行。即使胎教效果一般,也顺便提高了自己的外语水平,为以后孩子的外语交流打下基础,不算亏了自己和孩子。

除此之外,父母、家人的爱心互动也会影响胎儿。这乍一听很玄,但孕妇处在一个身心健康、愉悦的状态,确实会对胎儿的成长有所助益。母亲在孕期少些压力,开心、舒心、放心,对母亲、宝宝、全家都有利。

➤ 手语学习法

对于有宠物的家庭,曾经流行过与宠物交流的按钮。动物想吃饭就去踩一个代表吃的按键,想出门就去踩代表出门的按钮。其实宝宝也做得到用动作来表达想法。当然这里说的不是让他们也去踩按钮,而是使用简单的手势来和父母交流,比如用手势表达想要吃饭的想法。这被称为手语学习法。

宝宝学手语有没有用?我们又要不要鼓励宝宝用手语呢?目前科学界给出的答案是不知道,研究结果充满争议(Goodwyn et al., 2000)。有人说有用,有人说没用。说有用的科学家,发现很小的时候用手语、手势和父母沟通的小朋友,语言发展速度会快一些。说没用的科学家发现手势的使用和语言发展没有必然联系。而且手语的使用只是一时,不是一世。孩子长大后并不需要用手语交流,因此等于白学。

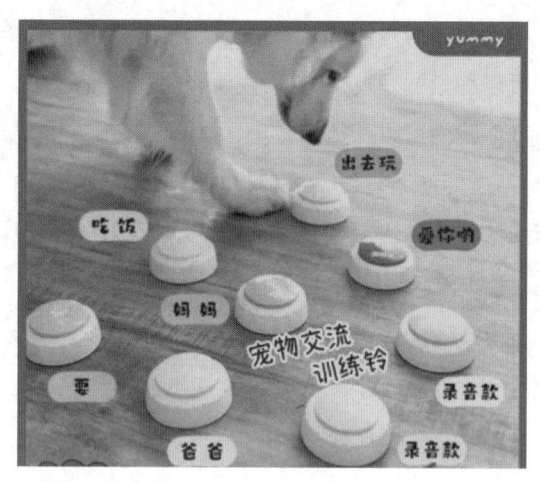

狗狗一鼓作气，把吃饭和出去玩的按钮按到坏吧。
图片来自网络

我在这件事情上的立场是不要学。孩子时间有限，我们时间更有限。先把时间投资在已经被证实有用的事情上（比如亲子阅读）比较好。

注意如果家里有聋哑人，或是需要孩子掌握真正意义上的手语的，情况则完全不同。越早让孩子接触、使用手语越好。从宝宝出生起就应该接触手语。这和让孩子早早接触外语是一个道理。

▶ 睡眠学习法

如果我在你睡着的时候，在你耳边不停地说"我爱你"，那你醒来以后，会不会真爱上我？

这催眠一般的逻辑用在学习上，就是所谓的睡眠学习法。

比如在孩子睡觉的时候,在他枕边播放外语,孩子能在睡梦中学会吗?这方法听上去很玄,但也不全是空穴来风。三个月大的宝宝即使在睡眠中,也能吸收并处理外界的信息(Wanrooij et al., 2014),但是能处理的信息内容非常简单(Fifer et al., 2010)。

在孩子睡觉的时候让他听外语有用吗?不但没用,而且有副作用。因为孩子睡觉时,他们的大脑在自行调节、休整、归纳白天的见闻。如果此时用其他的刺激打扰大脑正常的休息,反而让孩子睡不好,得不偿失。

那睡眠有助于学习吗?答案是肯定的。睡眠不仅能帮助孩子学习,更能帮助他们的全方位发展。睡眠就和营养健康一样,属于硬件调整或是软件更新。这一点对孩子,对成人来说都是一样的。睡眠是一个超级外挂,大家每天挂起来,在现实生活中打怪升级会方便许多。

问题 21 孩子最多可以学几门语言?

孩子最多能学多少语言?理论上没有上限。那我们要不要贪一把?先看这几点。

➤ 周边资源

理论无限,但资源是有限的。父母工作压力大,时间、金钱、精力都是资源，都有限。我们量力而行，充分利用身边资源。比如父母分别说不同的语言，在社会上又说第三种语言，那孩子从一开始就有上手三门语言的底气。但是国内家庭的普遍情况，是家里说方言或是普通话、社会上说普通话，并没有现成的外语资源。此时无需贪多，除了普通话、方言外，再加一门外语比如英语足矣。有一种例外，就是我们身边有其他稳定、持续外语资源，但是那个资源不是英语，那孩子就可以在学那个外语的同时再加学英语。这是因为英语资源相对好找些。如果没有稳定、持续、充足的外语资源，那就不要贪多。学语言需要时间。说任何一门语言都需要一定程度的专精，才能发挥它应有的沟通效果。

➤ 其他领域的发展

孩子的时间也是有限的。除了语言以外，他们还有许多其他东西要学习。心理、智力、认知、数学、逻辑、音乐、艺术，对孩子各项能力的开发其实是相辅相成的。孩子的未来不仅仅被他们的长处所牵引，也被他们的短板所限制。学什么、如何取舍，我们作为孩子的监护人要做衡量。

问题 22 学习多门语言的孩子，在哪些方面表现得更好？

我们在引言中画的几幅图（图 1～3），现在可以更仔细地看上一看。除了图里的内容外,学双语或是多语言的孩子,在年龄较小的时候,在沟通技巧、多任务处理、创造力、解决问题的能力、对世界的认知、自信力、自我调节能力等也有良好的表现。

当年龄再往上以后,说双语的孩子是否比说单语孩子的认知能力更强,这点在目前科学界是非常有争议的(Lehtonen et al., 2018)。因为双语优势这个想法很受大众欢迎,连知名如 TED Talk 都会以偏概全的展开演讲。

那么所谓的"双语优势"到底存不存在呢?我的立场是,我们根本不用去管优势存不存在这个问题,不要去计较学双语有什么其他好处。因为能说外语这件事情本身,好处就已经足够多了。孩子在一个什么样的语言、家庭、社会环境里,就会成为一个什么样的人。我们要把目光放在刀刃上,给孩子提供相应的环境。

问题 23 学太多语言会影响数理思维的发展吗?

几乎不会,但和使用哪个语言学数理相关。有坚实的语言基础,数理逻辑的发展会更好。如果用不熟悉的语言来学数理化,则会事倍功半。这些情况在现实生活中其实很常见。比如父母被派往国外工作,把孩子也一起带去上学。刚开始孩子对当地语言不通,连带各门科目发展都滞后,但孩子本身就是学习机器,能很快跟上。如果孩子人在国外,在前期密接外语,后期不用太担心外语发展,反而要加强是国学教育、心理建设,帮助孩子建立自我认知、自我认同,免得他们长大后不知道"我是谁",忘记"我从哪里来"。

既然提到数理化,我们就再说几句。父母的确可以把语言本身作为孩子的工作目标,比如让他们做同声传译、语言翻译一类的工作。但即使是这样的专才,也需要进补其他领域的知识才能做好该工作。一般孩子学外语,是为了把他们作为工具来使用,所以学外语时,我们要考虑如何提前做好专业对口。提前部署,再早也不算早。哪怕计划赶不上变化,早做打算也是好的。

最后需要提醒一点,是国内学习分文理。语言在国内属于文科,而数理化是理科。父母要考虑孩子未来做什么,还要考虑在哪里做,国内还是国外。国内对理科的重视程度比文科强非常多,专业择业范围也更大。

孩子不管未来做什么、在哪里做,需要语言,也需要专业知识。两者缺一不可。

问题 24　孩子不肯开口,要不要干预治疗?

这个问题要再细分才能回答。

➢ 孩子为什么晚开口？

孩子晚开口有好几种可能。

一、累计获得的语言信息量不够。比如，别人家的孩子只听普通话，自己家孩子同时听方言和普通话，那两家孩子听到的普通话的量其实是不同的。又比如，别人家是四世同堂，我们家只是一家三口，那人多口杂，孩子听到的语言量也是不同的。再比如，别人家是话痨之家，我们家里人沉默寡言，那孩子听到的信息量也是不同的。更比如，别人家的孩子经常牵出来遛，我们家的孩子是个宝，出门怕磕着碰着，藏在家里比较放心，那孩子接触到的内容也有很大的不同。

二、性格不同。有的孩子好动，有的孩子好静。有的孩子外向，有的孩子内敛。有的孩子是探索者，有的孩子是观察者。有的孩子什么都愿意试一试，有的孩子有了把握的事才去做。这些都会影响孩子开口的时间。

三、发展不同。每个孩子的发展曲线虽说大同小异，却也各不相同。孩子的每个发展里程碑，比如爬行、直立行走、叫妈妈、用勺吃饭等，都不是一个固定的时间点，而是一个时间区间，有的孩子早些、有的晚些。语言发展是这样，身体、认知发展等也是这样。孩子与孩子之间有着明显的区别。你家孩子可能在这方面快点，而我家孩子则在那方面快点。人比人，气死人。不用把自己的孩子和其他孩子做比较。

四、病理性原因。语言障碍（language impairment）很常见。比如听觉障碍（hearing impairment）、阅读障碍

(dyslexia），这些都是越早干预越好。如果我们怀疑孩子有问题，可以去医院，早看早干预，减少后期影响。

> 学外语会不会导致孩子晚开口？

对于接触两个或者多个语言的孩子，外语开口相对较晚是有可能的。原因是之前提到过的，当孩子对外语的接触数量、质量、交流程度不足时，开口就会晚。

儿童发展图表很多，但没有一个图表会标示精确的发展时间点。图表标示的都是大概的时间段，有些时间段的区间范围可以长达一年。

图片来自网络

但是这种开口晚的情况不会发生在汉语普通话上。国内人口众多，哪里都能听得到普通话。它是社会的主流语言，在电视、媒体上广泛使用。哪怕平时说方言，父母也都会说普通话。所以,如果国内的孩子在说中文上开口比较晚,不是因为学了外语,而是因为上面提到的几个原因。中文开口晚,与学习几个语言之间没有必然联系。

➢ 晚开口不等于语言延迟

如果自己的孩子开口晚,我们会很着急。但孩子开口晚,并不等于他们对语言的理解有延迟,而是与他们的生理、心理、环境等因素相关。

如果孩子开口较晚,我们可以与孩子多做游戏、多交流,让他们和其他小朋友们一起玩,保持他们轻松愉悦的心情。我们可以鼓励孩子说话,但如果他们不愿意说,我们也不要强逼着他们说,避免他们产生抗拒心理。强扭的瓜不甜。如果孩子把说某门语言和负面情绪联系在一起,产生强大的心理抵触,那就不好办了。

➢ 避免语言延迟

那么如何避免孩子的语言延迟呢?一是早学。孩子早期对语言的学习力是非常强劲的,比如在学习新单词的能力上,两岁大孩子的学习效率极为惊人。我们不要错过这辆黄金早班车。二是加强在问题12中提到的语言的"质"与"量"。

如果家长怀疑语言延迟是因为病理性原因导致的,那么要早早地进行评估、干涉与治疗。不过在大多数情况下,延迟的原因是语言的质、量不到位。

第三部分
我们一般想不到，
但却是十分关键的问题

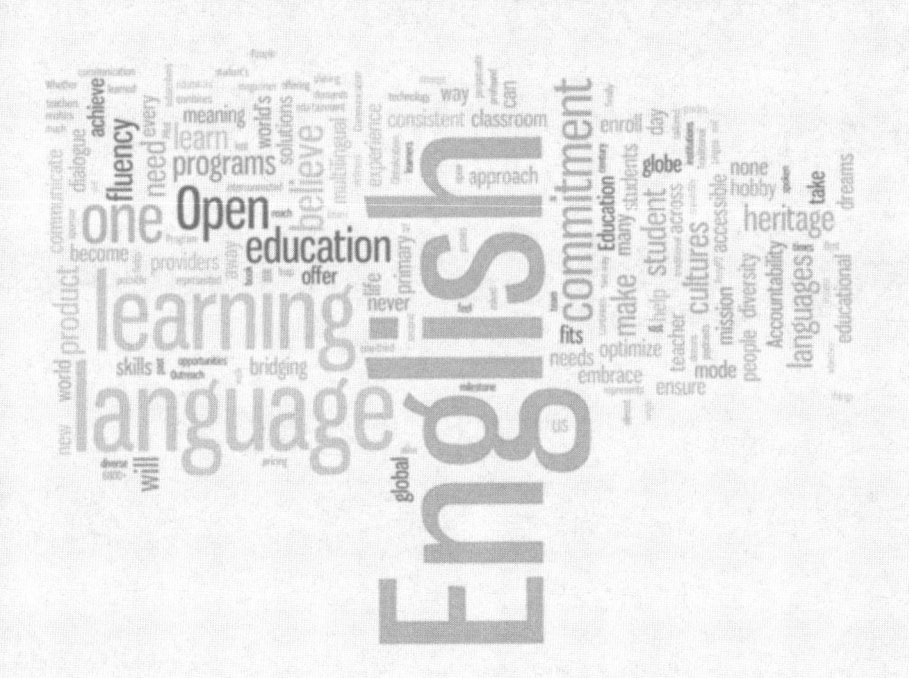

第三部分 我们一般想不到,但却是十分关键的问题 131

问题 25　除了英语,还有哪些外语值得学习? 有没有更优选?

这一章柳暗花明。请各位泡茶细品,享受老树新枝、枯木逢春的感觉。

➢ 英语是首选

实话实说,外语学习,目前首选的就是英语。一般家庭没有除了英语以外的其他外语资源,难以为孩子打造稳定、持续的其他外语环境。我们不能未卜先知,看不清远未来,但英语在现在和近未来仍是最优解。至少在孩子长大的这十几年间,英语的地位不会有太大变化。说英语的市场大、人数多、应用广。英语在世界经济、政治、文化中都暂居主导地位。英

在南极,企鹅不说英语,但是不同国家的科考队员之间用英语交流。
图片来自网络

语在亚洲(如新加坡)、美洲(美、加)、欧洲(英国)、大洋洲(澳大利亚)甚至南极洲都能用到。如果从"用脚投票"的角度出发来看,目前中国移民人口最多的目的地国家,是说英语的美国。

➢ 另辟蹊径

除了英语还有什么语言可以学?

说这个语言的人多一些很重要,但不是学这个语言的充分条件。如果光从人口多的角度来说,那说印地语、印度尼西亚语的人数也非常多,但是我们身边很少有人会让自己的孩子学这些语言,除非家里有工作、生活等相关的背景。

从语言的普遍性和应用性考虑,说西班牙语的人也很多。这与其说是和西班牙相关,不如说是和大航海时代的殖民历史相关。除此之外,如果掌握了西班牙语,那么学习像意大利语、葡萄牙语之类的姐妹语言也不在话下。

从技术的角度说,德语不错。德国国风朴实、严谨、礼貌、勤劳,和中华民族不少传统美德重合。德国人自第二次世界大战以后,自我反思了几十年,目前在大中城市的排外程度并不高。

顺便说一句,很多德国大学要么低学费,要么免学费,而德国的生活费,相对于西北诸国可以说是十分低廉。如果掌握了德语,荷兰语等周边语言也能轻松学会。学金融的孩子还可以去隔壁的瑞士上班数钱。这些都为学习德语加分不少。

法国和西班牙有点像。说法语的殖民地不少,法语市场也不小，但法国至今还在为之前的殖民统治"还债"，持续不断的接纳非洲法语区的难民、移民等，尽历史责任。

阿拉伯语、日语等其他应用性相对较大的语种，如果有明确目标，比如有亲戚，或是有生意往来时，也可以考虑去学。

除了根据需要学习语言，我们还要考虑孩子学这个语言有没有优势。比如韩语，国内许多朝鲜族或是离韩国、朝鲜比较近的家庭，孩子一开始就接触韩语。那我家孩子有没有这种优势呢？

▷ 超级蹊径

我还发现一条超级蹊径却没什么人走，分享一下，恭喜您有赚到。这条蹊径就是让孩子学习高附加值、封闭型的小语种。解释一下。高附加值指说这个语言的社会，教育程度高、福利好，生活幸福安乐。封闭型指说这个语言的社会对外来移民的接纳程度低、不是移民国家。孩子的语言足够好，对社会文化足够理解，为当地社会做出贡献，才能融入。

举例说明。我在挪威奥斯陆做了两年多项目。挪威属于高福利社会，人与人之间的想法都很相似，需要花力气才能融入。但是实际上语言关并不难过，如果孩子早早开始学挪威语，到当地求学，融入不难。不过如果孩子真去了挪威，实际问题不是语言和融入，而是能不能接受物质层面少，精神层面多的生活方式。下班以后，不是去喝酒吃饭，而是去爬山滑雪。

走这些超级小径的时候，还要注意其他限制。比如年龄就是一个隐性限制。年轻人更受移民部门的青睐。他们想法灵活、容易融入,精力旺盛、消费水平高,能带动社会经济、文化的发展。而且年轻人消耗如医疗、保险等社会资源、社会福利也少。所以大家都说,移民要趁早,移民要趁小。不过这是移到社会风气良好的地方。如果当地的社会风气是个人主义、自由散漫,而孩子生理或是心理年龄还小、三观未成之时,一不小心就有可能被带偏,我们要当心。

➤ 总结

如果学外语的目标是考虑外国留学或移民,注重物质享受的可以考虑美国,注重人文精神的可以考虑西北欧,生活便利的可以考虑日本(但不要选太辛苦的工作),想快速便捷移民的可以考虑澳大利亚。不管是开放的还是保守的移民的国家,对语言的要求都很高。保守的国家,如果语言说得不好便不能融入。开放的国家,如果语言说得不好,能做的事会很少。语言怎么看都很重要。

➤ 题外话

最后说一句,其实最值得学习的语言是汉语,是中文,未必一定要普通话,方言也好。其实我们大家运气都很好,作为母语已经习得,不用把中文作为外语而努力学习。

在读完外国的文学、诗歌后,回过头来看看的中国的文学、古诗词等,会发现它们的精妙程度、艺术价值、韵味美感,实不能用言语来表达。比如之前提到四大名著里的《红楼梦》，近期发掘的癸酉本里可以看出其对明末清初的隐喻，对文学典故的引用皆登峰造极。

中文带来的艺术与美的享受，如滔滔江水，连绵不绝，爽歪歪。

一句诗，仅用五个音节，即能创造一处美景、一幅画卷、一部史诗。除了中文，又有哪个语言能做到？当然，其他语言自有它们自己的精妙之处，但在写意这一点，还是中文强。联合国的文件需要翻译成很多种语言。人家长篇大论，我们中文用一小段文字就能搞定。现在已经不太用手写，大家的书写速度不会因为使用繁体字而下降。如果能保留繁体字本身的美感就更好了。

图片来自网络

问题 26　从语言相似度的角度来说，说汉语的孩子学哪些外语比较省力？

如果方言也算外语，那学习方言最方便。不过除非我们

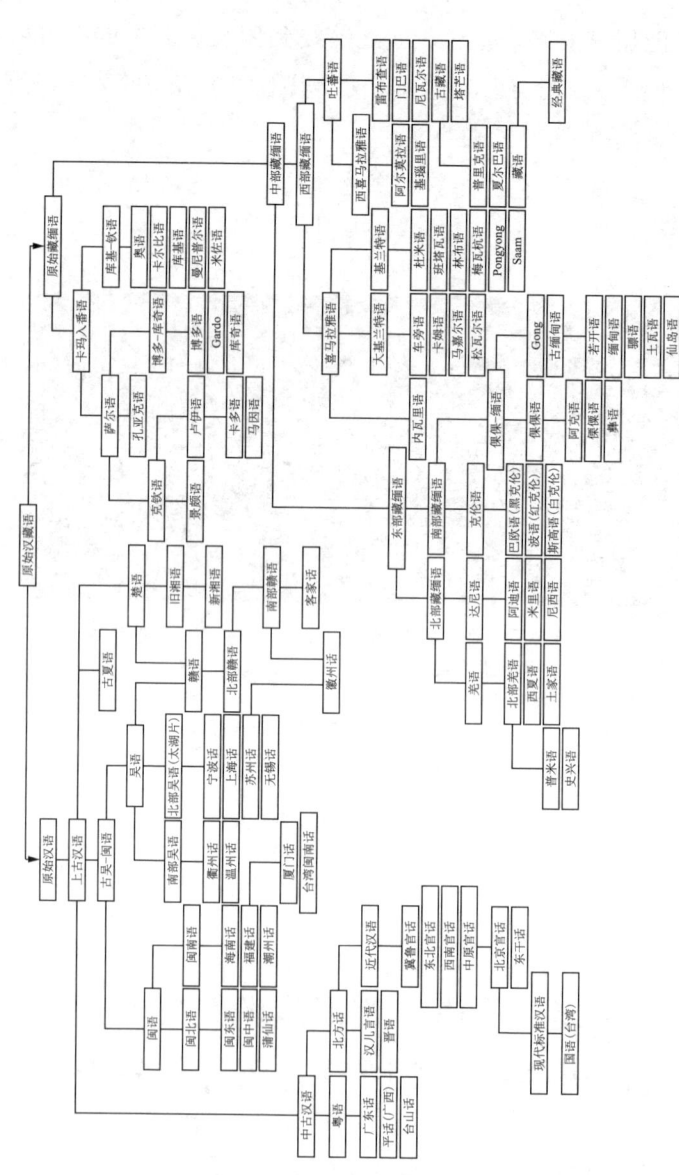

中文属于汉藏语系。这是汉藏语系的分支图。看看您的方言在哪里。

家里本身就说方言,或是住在说方言的地方,一般没人会特别去学其他方言。

语言与语言之间的距离有远有近。如果已经学了英语,想要学习别的语言,那么与英语越近的语言分支,比如德语、荷兰语,相对越容易学。不过如果真决定让孩子同时学英语和德语,那他们在一开始还没有建立起两套语言体系之前,对这两个语言可能会产生比较多的混淆,但语言学的越早、越熟,混淆就越少。

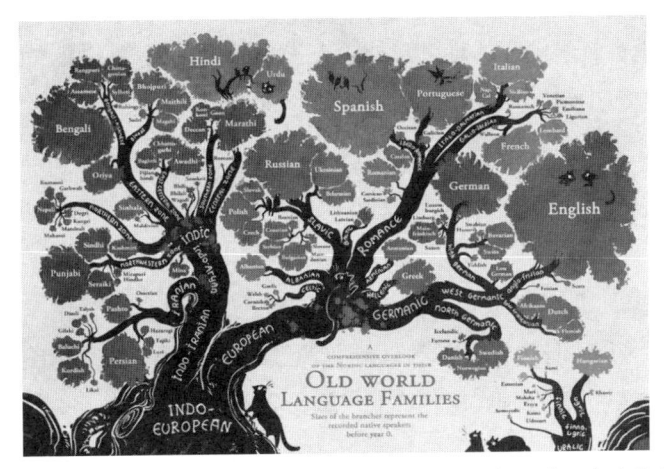

图中的大树是印欧语系(Indo-European)的语言分支。树子叶片越大,代表说这个语言的人越多。

图片来自网络

我们在孩子学外语的问题上,是否需要去考虑语言距离呢?我的立场是不考虑。我给三个原因。

第一,两个外语之间是不是相似,不是学外语成不成功的决定因素。相似的语言可能更容易上手,但互相混淆起来的情况也多,利弊相抵。持之以恒才是学外语成功,甚至是人生成功的决定因素。

第二,失之东隅,收之桑榆。我们换位思考。虽然一个和中文在语音、语义、语法上相似的外语可能容易学一点,但这也代表了孩子没接触到其他的语言特征,以后再接触时学习会很吃力。比如法语里的动词,接不同的主语要变位,或是比如德语里的名词有阴阳性。这些语言特征中文都没有。反过来,中文里的声调德语法语里也没有,声调对德国人、法国人来说也是学中文的难点。外国人去小店里买饭,可以把"水饺一碗多少钱",念成"睡觉一晚多少钱",弄出误会、贻笑大方。这就是因为他们小时候没接触过声调这个语言特征。年纪越大、学习新的语言特征就越吃力,容易死记硬背。外语之间越不同,相对遇到的语言特征就越多,以后面对新语言就越方便。

第三,身边资源。学好外语真正的关键还是在我们能给到孩子外语的"质"与"量"上。脚踏实地胜过百万雄兵。

➢ 总结

关于语言是否相似,我们不用多想,把重点放在如何给到孩子适合的外语资源上。

问题 27　手语和计算机语言算不算外语？

算,但这不是问题。真正问题是要不要学。

手语用动作展示,用视觉感知。孩子要不要学手语,我的立场是:如果家里有学手语的需要、资源(比如家里有聋哑人士,或是父母本身用手语工作),孩子就应该去学手语。而且和其他语言一样,越早学越好,从一开始就可以看起来,接触起来。如果家里没有学习手语的需要、资源,不必刻意去学。

其实即使不用手语,我们在与他人的交流中,身体动作、面部表情所传达的情感、内容,胜于语言本身。人与人的交流有时不需要说话,用视觉语言就能进行。我们都是妖狐人精、都会读心术,用肉眼就能看出对方是什么意思。

学计算机语言,也等于在学一点逻辑。让适龄的孩子了解一些基础内容,却也是极好的。现在是电子世代,未来是虚拟纪元,都需要计算机语言的支撑。培养孩子学计算机语言是印度父母的一股潮流。三岁左右的孩子,可以试着用麻省理工学院开发的 scratch 软件,培养孩子对计算机语言的兴趣。其网址是 https://scratch.mit.edu/。大家也可以下载手机或是平板电脑的版本。虽然官网上说是让五岁左右的孩子开始用起,但国内的孩子个个都是翘楚神童,早点看起来也无妨。

图片来自网络

问题28 如何将外语与实际需求对接？

我国人口增长虽说是放缓了，但绝对数量还是很多。关于躺平，大家也只是嘴上说说、心里想想，真正躺平的是少数人。社会竞争强，加上内卷，不进则退。所以我们要未雨绸缪，准备起来。

孩子学中文是为了和父母交流，和社会沟通，学外语也是。我们可以从学外语的目的、程度、意义三点来分析。

➢ 学外语的目的

学外语的短期目标，有孩子的入园、入学考试。规范的机构向政策看齐，调整自己的外语策略、招生要求。好的机构都要排队，父母甚至是准父母就已经可以开始行动。如果我们想好了让孩子去哪个幼儿园、哪个学校，要去咨询清楚该机构的入学标准，将该标准与自己孩子的发展做衡量，调整孩子的学习计划。我们要搞清该机构的入学标准是平均标准还是最低标准,孩子的实际水平要比入学标准高多少才能稳妥入学。在招生入学的各项指标中,哪些是核心指标、哪些是关键性指标、哪些仅作参考,应作全盘考虑。此外,孩子还要满足哪些条件才能稳进。最后,我们还要了解如果孩子低于入学标准,或者在可进可不进的状况下,有什么补救措施。不管是学校还是幼儿园,机构招生办的老师经验丰富,在了解孩子的背景后,会有很好的判断。我们可以虚心向老师取经,也可以向和自己家庭情况相似、而孩子成功入学的家庭取经。机构也会有少量特招生名额,其相关情况不会专门向大众宣讲,而是定点联系有特长、符合条件的孩子。有条件、有资源、家庭背景强的父母也可以咨询一下。

学外语的中期目标,有儿童的认知、智力、沟通力等发展。学外语会让孩子认识到一样米养百样人,大家的思维、行为模式各不相同,从而加深对不同语言、文化背景下人们的理解。学外语能带来的各种好处,我们在引言和问题 22 中已有描述,在此不再赘述。在本书最后我们还会提供一些益智游戏,能让我们在亲子互动的同时,了解孩子的发展情况。

学外语的长期目标,是孩子未来的学业、事业发展。我们要将语言工具化,与孩子未来的工作、生活需求对接。不能预知未来不要紧,先把外语学起来,边走边看,等孩子的路越走越清了,再往更明确的方向前进。语言就是这点好,学好以后路很宽,能做很多事,不会学了白学。这些长期目标关系到孩子外语需要达到的程度,我们会在下一段详细说明。

图片来自网络

> ## 学外语的程度

身心数理、德才文艺,孩子可以学习的项目内容数不胜数。种瓜得瓜、种豆得豆,鱼与熊掌不可兼得。我们需要做出取舍,考虑给孩子的外语学习分配多少时间、资源。分配不同,孩子的外语程度也不同。我们从实际出发,对孩子能达到的外语程度做几个划分。这可以是纯粹为了应试,可以是为出国留学做准备,也可以是保证工作上的适用性,比如对某个领域(如医学、贸易)的外语专精,或是达到近母语的沟通水准。

在应试上,外语从我们做学生起就已经是必考项目,我们必然重视孩子的外语成绩。"应试教育"虽然不如"素质教育"好听,但我们也要面对现实。

在留学上,我们提大家容易忽视的三点。

一是孩子的外语程度不只是要达到能听懂课程这么简单,而是要能与老师、学生顺畅交流,让老师理解自己,与同学打成一片,为未来学业、生活、事业上的通关打下基础。很多孩子到了国外,还是和其他中国来的留学生成天粘在一起。

这本身没什么问题,但如果大家明明在国外,还一天到晚说中文,外语没有任何长进,这就不好了。社会上的外语资源,不用实在太可惜。

二是孩子外语不好,其实也能留学。在把教育产业化的国家,比如英美澳大利亚等,许多学校都会在入学正式就读前,提供一个叫做预科、预读的选项,主要用意是让孩子在正式上学之前,先过外语的语言关。但是有这个选项不代表就要选择它。我的立场是,不读语言预科。读预科意味着孩子一开始便落后于别人,增加孩子留学的经济、时间、机会成本。夜长梦多,预科增加了孩子在外的风险。这里的风险不是说国外治安不好。现在的孩子比我们精明,知道如何保护自己。新闻里听到的国外犯罪事件,听起来是很夸张,但也都是个别案例,不是常发事件。这里的风险主要指读外语预科也需要考试,因为预科是学校收入来源的一部分,因此学校在考试上会很严,没有什么弹性空间。孩子如果过不了预科的语言考试,就意味着需要延长学习时间,继续付钱给学校,继续读预科。这些都增加了孩子最终能否毕业的风险。我听说过不少学生花了很多钱、很多时间,却读不下去的情况。

三是孩子的学习生活习惯。国外学校不是宽进严出,就是严进严出,总之就是严出。很多专业,也包括预科,一周只上几节课,其他时间全靠孩子自主安排。山高皇帝远,自律性不强的孩子很容易把大量时间消耗在打游戏、打工、玩乐,花太多时间在非学习的活动上。我遇到过很多缺乏自律性,整天打游戏的孩子,白白浪费了父母的金钱、自己的光阴。

在工作上，我们要考虑孩子未来做什么，外语程度为何才能保证工作顺利。不为孩子铺路是不可能的。如果孩子将来不会在只需要使用中文就可以胜任的工作岗位任职，那多学外语还是很值得的。确实，现代社会分工细化，一般公司都有专职翻译、涉外部门。但是即便如此，自身良好的外语能力也能增加对公司项目的把控力。

如果孩子毕业后留在国外，或是在国内从事涉外业务，那么良好的外语水平就更有必要了。

➢ 学外语的意义

讨论人生的意义其实是个哲学问题。我们每天都在用自己的行动定义着自己的人生。同时，我们也在用自己的一言一行，影响着孩子对人生意义的理解。

孩子学外语有什么意义呢？我们从实际使用出发说两个意义：一是获得信息，二是获得乐趣。

学外语是获得信息的途径。有句古话叫兼听则明，偏听则暗。古人已经理解信息是多么重要的资源，告诫我们要"兼听"，不要只听取一家之言、一面之词、偏听偏信。这个世界有五分之四的人不说中文。如果完全依赖翻译，那么许多外部信息的准确性就得和转述信息的人挂钩，我们没法判断真伪。在人与人信任不足的环境下，信息越多，越能更好地了解、辨识人和事，帮助孩子理解世界。

学外语是获得快乐的途径。多一门语言，多一种文化体系让我们欣赏。比如东南亚各国,当地人民看起中国电视连续剧来,可是一点儿也不含糊。他们尤其喜爱国内的古装宫斗剧,天天看着甄嬛笑、陪着如懿哭。我们也是一样的,学了外语,就可以经常欣赏国外的动漫游戏、影视剧集,比如《老友记》、比如迪士尼。国外的艺术作品中,夹带着许多外国文化的梗,仅靠翻译是不能完全传达的。

国内非常多的节目,其原型都是国外改编的。比如"非诚勿扰",在国内是以相亲为卖点的综艺节目。但这个节目原型源自国外,在二十多个国家,有着各不相同的版本。当我们收看国外"非诚勿扰",会发现嘉宾的说话方式,挑选恋爱对象的侧重点,与国内的"非诚勿扰"截然不同。一路比较下来,我们不但能获得与国内版本不同的乐趣,还能通过比较理解中外文化差异,进而理解人与人、社会与社会之间不同的思维模式、行事准则,进而找到大家能一起和睦相处的办法,多一些理解、少一些战争。

不懂中文的人,几乎永远无法体会中文诗词中一字甚至一音都可抵过千言万语的精妙。同理可知,如果孩子能从外语中获得乐趣,那等于给了他们一座藏有许多快乐宝藏的大山。

➢ 结语

过去有史为鉴:闭关锁国,实力不强。改革开放,再创辉煌。比如武则天这位中国首位"女老板",就雇用了许多外国人为她打工。她开明、开放的思维模式,对唐朝的盛世和当时的全球影响力有着很大的联系。

在未来,外语的重要性有变小的可能。后文中会提到,智能翻译在不久的将来就能达到较为流畅的语言识别与转换。而在远未来,人与人之间的沟通,甚至可能不再需要语言这个媒介来传递思想。语言、思想都是脑电信号的延伸,而这种信号本身就可以直接传递。即使在远未来,语言的重要性会变小,但是我们对异域文化沟通理解的重要性会增强。人类在不同社会互相认知、融合、产生共性、互相理解的过程中,其社会多样性、个体多样性也需要保留下来。共性与个性互存,才能达到万物平衡。

可我们和孩子都还活在当下,不是科幻世界。孩子的未来是信息世界,变化瞬息万千。孩子外语好,他们的日子会更有广度、更有深度,每天都会经历乐趣与挑战,不会枯燥。

问题 29　了解外国文化对学外语有帮助吗?

这个和问题 28 里学外语的目的、程度、意义相关。如果在中国工作生活,需要与外国人做简单交流,不需要深入了解外国文化。但如果孩子未来去国外留学,那就需要了解外国文化。

这样一来,问题也变成了孩子去哪个国家留学好。我们说几个留学的热门地点,以及它们的文化导向。

➢ 北美文化

美国自由、竞争强,对聪明人的奖励程度高。如果孩子有本事,但是在国内竞争太激烈,没有太多机会,可以考虑去美国打拼。我们常听到美国有治安问题、歧视问题,但我们也不用太杞人忧天,让孩子选择大中城市生活即可。

加拿大比较中庸,生活模式上走云淡风轻的闲散路线。文化上相对多元。不过由西向东,地区差别很大。西部沿海地区比较开放、礼貌、重经济、不重吃穿,喜户外、喜休闲。像温哥华这类城市,气候不错又宜居,亚洲人比例快接近一半了。中部地区较为保守。东部地区在穿着上更讲究、更正式。多伦多比温哥华大一倍,感觉有点像打工城市,华人也不少,机会多。北部地区幅员辽阔,但是估计孩子不会直奔那里,就不详谈了。加拿大新老移民的融合程度,在英语国家来说算是不错的。

➢ 澳洲文化

澳大利亚主流社会、比较自我、比较实在,注重物质享受。从国内过来不会有很大的落差感,最多就是平时玩的东西里多了一些与海有关的项目。目前澳洲在文化发展上有土著化和多元化两大趋势。

➢ 欧洲文化

我刚去欧洲时以为欧洲文化是个甜甜圈,去了以后才知道是块千层糕。从大到小来看,欧共体有欧共体的文化,欧共体下一些国家有一些共性的文化,每个国家又有各自的文化,一个国家内部、不同地区之间又有自己的文化,再加上语言、地域、历史等因素,非常复杂。

欧共体和中国一样,都希望能和平发展,重现昔日的辉煌。除了对历史的思考与沉淀、对战争的反思,欧洲相较于全球的一大特色,是从文艺复兴时期延续下来的,对人文精神的看重。现在全球的趋势是看重"STEM",四个字母分别指代科学 Science,技术 Technology,工程 Engineering,和数学 Maths。在大多数国家都从实际出发、重理轻文的情况下,欧洲坚持发展人文科学。比如在科研经费上,欧盟对人文类研

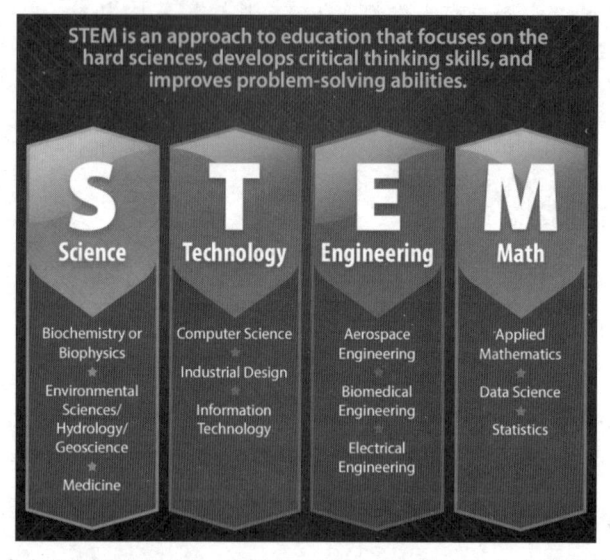

全球在务实的道路上前行,研究重理轻文,却可能忽视人文发展的重要性。可没有人性的科技,将会为人类带来什么呢?

图片来自网络

究的拨款与理工持平。而且在科研上,欧盟讲求"大人文",不局限于欧盟境内的人文问题,而是哪里的人类都可以。我认识一个上海外国语大学的老师,从欧盟得到了一笔研究中国语言的经费。你说它慷慨也好,多管闲事也好,这种对人文的重视程度在世界上处于领先水平。

如果家庭、孩子更注重精神追求,那去欧洲可能更适合。

➢ 总结

不管孩子学习什么异域文化,我们都要取其精华、去其糟粕。比如在孩子学习美国文化,我们就要鼓励他们吸收创新、竞争的精神,而反思其对物质欲望的过度放纵。在孩子吸收欧洲文化时,我们就要鼓励他们追求人文、道德的精神,而反思其对自由的理解与尺度,比如软性毒品的合法化意味着什么,孩子应该怎么处理这些触及父母敏感神经的真实社会问题等。

问题30　家有双宝多宝,孩子的外语学习进度一样吗?

➢ 两个孩子的外语学习进度一样吗?

开始时不一样,小的孩子有优势。小的孩子可以从大的孩子那里听到、学到外语,而且能学到的不止是外语知识本身,还有语言环境、学习动力等。

语言环境:如果大的孩子说外语,小的孩子会在潜意识里觉得外语有用,能用来和大的孩子交流。如果小的孩子发现父母外语能力不如大的孩子,甚至可以把外语作为大小孩子之间的秘密交流语言。

学习动力:如果大的孩子学得勤,小的孩子看在眼里也会有样学样。比如秘密语言的情况,就能同时增加两个孩子的学习动力。

图片来自网络

➤ 大教小可行吗?

教学相长,我们可以鼓励引导哥哥姐姐教弟弟妹妹。大的孩子有了目标,会增加学习动力。有了兴趣,学起来更带劲。有了责任感,也会带来自身品格的提升。

在每天固定的时间来大教小,或是大小一起学习,可以让他们的生活规律化。养成什么时候做什么事的习惯,不只是包括外语学习,可以涵盖生活的方方面面。这些规律生活习惯的建立，会帮他们调节自律性，而自律性是未来孩子成功的超级助力。

有时大的孩子不愿意教小的孩子，或是小的孩子不愿意向大的孩子学，那我们就要问清楚，为什么不愿意，解开孩子的心结，或是让孩子自己解开心结。大多数情况，是孩子静不下心来，想自己一个人玩，这也没什么不好的。

我们的主要目标不必放在大教小，而是放在大家一起说外语，以及让小的孩子在外语上尽量追赶大的孩子这两点上。

➢ 外语学习进度，小追大可行吗？有什么好处？

孩子的年龄越小，对外界的吸收能力也越灵活。小追大虽然不能一蹴而成，但从长期看是可行的，特别是在两个孩子之间的年龄差距不大，或是接触外语都不多的情况下。

小追大有很多好处。

一是孩子们你追我赶，能形成良性竞争的局面。

二是追上了以后，父母也能在孩子的学习时间、资源安排上节约成本。

三是追上以后，孩子之间可以说外语，间接增加了使用外语的机会。

图片来自网络

问题 31　疫情期间，如何减少孩子学外语的负面影响？

疫情、居家隔离，对父母和孩子来说都是挑战。尤其是孩子，他们接受新鲜事物、复杂信息的机会变小变少，对电子产品依赖增加。这些都是需要注意的。

我们言简意赅地说一下，孩子外出时间的减少对他们的语言学习有多大的负面影响。如何减少负面影响。

➢ 影响要素

一是看孩子的年龄。

孩子年龄越大，负面影响越小。宝宝的大脑像电脑，可以自动计算、处理周围事物的信息(Liu & Kager, 2017; Saffran et al., 1996; Saffran & Kirkham, 2018)。年纪越小的孩子，越需要建立人、事、物的联系、规律，各种知识结构。年纪大了，有了相对成熟的认知体系，孩子就能从被动接受信息转移到主动学习中来。

二是看孩子周边有多少人。

孩子学习语言需要常量和变量的交融。比如我们教孩子什么是蹦蹦跳，三个大人每人做一遍蹦蹦跳，比一个大人做三遍蹦蹦跳的示范效果可能会更好些(Mulak et al., 2017; Tuninetti et al., 2017)。孩子身边说话的人越多，越能激发他们说话，不论是中文还是外语。居家隔离让孩子身边说话的人变少，语言变化减少。好在我们还在孩子身边。

三是看孩子周边的资源。

理论上说二和三是一体的，因为人也是资源。孩子和周边资源的互动和孩子的年龄有关。一岁半以前的孩子，我们还是建议使用网络和真人视频互动，这也意味着我们要为孩子找到好的在线外语学习课程。年龄越大的孩子，可以接触越多的电子产品，但我们选择课程时仍要慎重，具体可以看本书问题 18 的内容。

图片来自网络

> ➤ 减少影响

理解了以上信息，我们就能一一对应。一是依孩子的年龄安排资源。孩子年龄越小，就安排越多的互动式的外语。孩子年龄大了，就可以鼓励他们主动探求新知。二是家里人越少，比如三口之家，就越多地使用互联网、在线视频的通话方式,让孩子能和更多的人交流。三是虽然我们刚才说小孩子接触网络资源要谨慎,但在居家隔离、条件不足的情况下,也顾不得许多了,毕竟有资源总比没有好。不过我们要控制好资源的质量,比如在使用触摸屏时,不要让孩子一不小心点到花花绿绿的弹出广告,被传送到一些不良网站去。

缺啥补啥:人少给人,活动少给活动,外语少给外语。这些不仅能减少封闭环境对孩子语言发展的影响,也能在一定程度上减少他们对社会能力发展(比如人际交流能力)的缺失。

灾害带给孩子和我们的,不仅是学习上的影响,还有身心上的压力。在经历疫情时,我们如何科学应对孩子的压力?该话题在我的公众号中有详谈。

既然提到了,就再提一下我的公众号吧!

问题 32　去国外旅游能提高孩子的外语能力吗?值得吗?如何计划?

旅游可以放松心情、见识世界、增进亲子感情,对我们和孩子都好。疫情之后,跨国旅游慢慢恢复。

假期去国外旅游能提高孩子的外语能力吗？能。

但是值得吗？要不要去？我们可以从价格、性价比、孩子的未来上看问题。

在价格上,我们推荐自由行或半自由行,而不是跟团游。自由行是完全由自己来。半自由行是旅行机构给一个机票加酒店的优惠套餐,具体行程由我们来搞定。这两种出行方式除了相对便宜外,主要的优点是自主、自由。主要的缺点是我们要花时间、做功课,看看其他"驴友"的经验之谈。如果我们选择跟团游,一般是走马观花式的踩点游,表面上去了很多地方,实际上是打卡拍照再加上强迫推销购物。真正玩到了什么、学到了什么,回来后好像啥也说不出来。

在性价比上,我们可以考虑出境游的目的地。如果孩子在学英语,远可英美加、近可东南亚,或是飞机上睡一夜,隔天到澳大利亚。东南亚是极好的选择,既便宜好玩,又可以说英语。

我们也可以选择去孩子未来有可能求学的地方去旅游,未雨绸缪。比如去美国加州旅游时,可以看看加州大学伯克利分校、斯坦福大学。去波士顿,就可以看看麻省理工 MIT。到了旅游地点后,我们可以探索风土人情、文化习惯、交通治安、饮食差异,看看能不能适应当地社会。

在海外求学的孩子,学成后大概率会在当地找工作。越融入,找到工作与升迁的概率就越大。我们要评估当地文化的表里两层。表层、外在文化包括人与人之间的交往、交流方式。里层、内在文化包括民族性、地域性。比如日本,表文化礼貌干净,里文化强烈同一。比如美国,外在文化热情互助,内在文化独立自我。了解越多,孩子未来的求学、工作就越顺畅。

治安问题也很关键。谁都希望自己的孩子平安健康。我们经常能看到一些留学生在国外遇害的新闻。这些极端个例的案例其实都是可以避免的。国外自由度相对较高,孩子出国求学前,一定要培养其三观、成熟感。孩子要提高警惕,留一个心眼,多和本地学生交流,和大家集体行动。不要随便吃、喝陌生人给的东西,或是去陌生人家做客。

在饮食上,国外很多地方的中餐都是"改良中餐",又贵又难吃,我们吃起来会觉得怪怪的。大家可以勇于探索当地美食。

如果是自由行,我们就能在旅游景点里增加博物馆、高校等既有美感、又有教育意义的机构。在孩子心中种下种子,提高他们的学习动机,对知识的向往。这些都会对他们未来的走向产生意想不到的效果。孩子喜欢上物理,可能只是因为一次天文馆的旅行;喜欢上生物,可能只是去了一趟自然博物馆。

综上所述,我们推荐自由行或半自由行。跟团游,不自由。让旅行机构决定行程,这些机构考虑的永远是安排哪条路线可以多赚一点。它们想的是购物点,不是学习点。想和司机、导游商量去看一个额外的教育机构,几乎是白日做梦。毕竟目标不一致,除非对方是想省钱,安排一些免费景点,那就会考虑高校、免费博物馆了。

许多大学的建筑风格,比如斯坦福大学的门廊,都可以用来拍像《哈利·波特》这种中世纪魔幻电影。不是所有大学都很老,有的大学还不满百年。但是这些"新"大学也会造出一个中古校区来过过瘾。商业建筑越造越新,高校要么越造越老,要么新老交融。

图片来自网络

旅游拍照打卡,只享受到了皮毛;对新事物的接触认知、学习理解,能获得旅行的精髓。

问题33 孩子外语学习的本质是什么?如何在本质上下功夫?

孩子学外语是为了什么,本质又是什么?从本书问题12的角度回答这个问题,外语学习的本质是其"质"与"量"。只有质量到位,才能学好外语。从本书问题 28 的角度回答这个问题,学外语的目的是应试、开拓视野、与世界交流等。

在这一章节里,我们打破思维定势,从一个新角度看这个问题。外语学习是学习的一种,而学习的本质,也就是学习本身所需要的认知能力,包含了注意力、记忆力和行为模式等(Flavell,1977)。

➢ 注意力

注意力指的是我们选择、集中于某个事物的能力,对大人、孩子的学习都很重要。当我们长时间做同一件事情,这件事会慢慢变得枯燥乏味,而良好的注意力可以减少孩子在学习时间上的浪费。毕竟他们的注意力本来就只有那么一点点。注意力可以细分为:
- 持续关注某事物的能力(此项能力对孩子的学习尤其重要);
- 在有其他事物的情况下,能够不分心、选择性注意的能力;
- 在两个或更多事物之间,交替注意的能力;
- 以及在不同事物同时存在时,分配注意的能力等。

刚出生的婴儿的注意力很短,而且他们的身体(如颈部肌肉)发育也是进行时。为身体机能所限,宝宝有时会盯着一个地方看。这时候我们就是宝宝的头颈,引领他们接触新鲜事物。对六个月不到的宝宝,事物再新鲜,也不必连续注意五分钟以上。对一岁大的宝宝,事物再有趣,也不必连续注意十分钟以上。在低年龄段,丰富多彩的短刺激,比长时间的单一刺激更有效。孩子两到三岁时,有的家长会逼孩子专心。孩子一不听话就赏个"一丈红"。体罚只能起到短效果,不利于孩子的身心发展。我们还是建议耐心、反复的讲解,即使孩子不懂也不要紧。四到六岁的孩子,好奇心愈加旺盛。有时为了探究一个东西,会破坏它。比起责备,我们应该为他们的注意力、好奇心而高兴。在育儿的道路上,各种风波不会消停。这些风浪既是风险,也是机会。我们对风浪的正确理解、对待、引导、抉择,也能帮助孩子成长。

如何培养孩子的注意力?我们可以看看这几点:

1. 根据孩子的个性来制定学习方法
2. 在家里营造一个有利于注意力集中的学习环境,布置在精不在多、整洁少干扰
3. 尽量不用声光效果强烈夸张,简单粗暴刺激大脑的电子产品①
4. 不要随意打断孩子说话,不要总是向他们唠叨、训话,给他们足够的空间和耐心
5. 教导孩子保持安静,不打扰别人,不打断别人说话,话要轮流说
6. 培养孩子的生活习惯,作息规律化
7. 劳逸结合,孩子专心学习后,好好休息好好玩,保持好心情

---

① 这有点类似国内的一些广告,不停重复自己的商标。虽然消费者被迫记住了品牌,但是方法太不人道。而且长此以往,消费者还会把商标和令人烦躁的负面情绪联系起来,起到反效果,得不偿失。

8. 孩子饮食有规律，拒绝快餐、加工食品、零食、垃圾食品

9. 用孩子身边的真实事件来提点他们缺乏注意力的坏处，比如做饭失败、车祸新闻

10. 陪孩子一起玩自我约束的游戏，比如（不能说话、不能笑、不能动的）木头人

11. 引导孩子注意事物的不同视角，任何一个环境、一件事物，可以观察注意的点非常多

12. 布置任务，逐渐增加孩子的学习时间，检查学习成果

13. 不论是洗澡后还是睡觉前，找到适合亲子陪读的最佳时间

图片来自网络

➢ 记忆力

记忆力是识记、保持、再认识、重现客观事物所反映的内容和经验的能力。孩子不断感知世界，储备知识经验。记忆力是他们思维、想象、发明创造、解决问题的前提。如何培养

孩子的记忆力？我们可以看看这几点：

1. 重复，以孩子不感到厌烦为前提、在不同时间的重复，让孩子熟悉事物

2. 在孩子还小的时候，以记识具体形象为主、抽象概念为辅

3. 时常提醒孩子，也可以用具体记号、记录等形式帮助他们记忆

4. 孩子大一些时，可以让他们亲身参与制定计划

5. 引导孩子注意事物的细节，并带入孩子的感情

细节让事物更丰满。感情越强烈，回忆越容易。加入自己的视角，让事件更有意义。

谈到记忆，我们再说说失忆症。有些研究认为说外语能延后失忆症的发病时间，不过其他研究表明，预防失忆症最重要的还是多用脑，活到老、学到老。

➢ 行为模式

行为模式是指人们有动机、有目标、有特点的日常活动结构、内容以及有规律的行为体系。培养孩子的行为模式很重要，因为让孩子过上有规律的生活，教会他们如何合理分配时间，直接影响他们的人生。

如何培养孩子的行为模式？我们可以看看这几点：

1. 孩子天生喜欢模仿，多陪他们玩模仿游戏

2. 早早立规矩，早早形成习惯，并坚持不懈

3. 无条件的爱，但不溺爱，有分寸

4. 父母检视自身行为，三省吾身，以身作则

5. 有不良的行为，没有不良的孩子，在引导教育时，我们对事不对人

6. 根据年龄和认知程度来培养，有尺度，赏罚公平

问题 34 孩子有语言天赋吗？如何测量孩子的语言能力？

> 我的孩子要第一名

希望孩子有天赋，其实是希望他们能轻松拔尖、超越别人。比较之风盛行，可人比人气死人。即使我们不去比，三姑六婆、左邻右里也会来帮你比，人心惶惶、心态爆裂、鸡飞狗跳。

我们国家人口体量大，竞争比较激烈。大家有一种心理趋势，感觉做什么都要拔尖，做到最好，才能爬上金字塔顶。比如看奥运会时，大家都只关注第一名、拿了金牌才算是赢，才算是为国争光。拿了银牌、铜牌或是再往后的名次，大家更多的是一股惋惜之情。可细细想来，不要说银牌铜牌，能进奥运会这件事本身，就已经是非常了不起了。又比如上大学，许多人打破头也要让孩子进名校镀金。国内清华北大，国外牛津剑桥。外国人也吃准了这一点，不停地做外宣、搞排名，左

一个大联盟,右一个常青藤,并在考试、学费上大做文章,盆满钵满、吃饱饱。你要名,我要利,各取所需。其实知名的科学家们并不是挤在个别大学,而是身在不同的学校中。每个教授都有过人的知识。

话虽如此,孩子上好的幼儿园、学校并没有问题,甚至可以说是家长的必然选择。从道义上说,所有学校都应该享有平等的资源,孩子去哪个学校应该都一样,因为每个孩子都值得拥有最好的教育、最好的老师。社会也应当调节学校的资源,让穷人家的孩子也能享受到最好的教育,在未来能有更好的机会,借此调节贫富差距、创造社会公平。但是目前的社会实情,是富的地方、好的学校,就有更多、更好的师资,更好的教育,更多的经费、资源。追求公平,任重道远。

总之我们尽量培养孩子,尽力帮孩子争取最好的资源,但是量力而行,得不到最好的也不要紧,继续往下看。

➢ 天资聪颖不如奋发图强

首先,孩子是否有天赋不重要。

社会竞争激烈,我们都希望孩子有这样、那样的天赋。许多育儿机构也抓住父母的心理,用各种付费项目,帮父母寻找这些所谓的天赋。天资有高有低,但相差不大。如果真有很高的天赋,也是中彩票一样的存在。而且有得必有失,孩子在某方面长,在另一方面短。除非孩子的天赋明显,不然真心不必计较。

其次，勤能补拙是良训。

人性本是懒馋散，而勤奋胜过天赋。知名音乐家、舞蹈家，即使是有一定的运气和关系，也都是靠着勤奋来闯出一片天。

作家冰心曾说："成功的花儿，人们只惊羡她现时的明艳！然而当初她的芽儿，浸透了奋斗的泪泉，洒遍了牺牲的血雨"。成功的人，靠的多是努力而不是天赋。努力才有回报。

➢ 测量孩子的外语能力

在孩子三岁以前，我们可以用词汇量表来测算孩子的中文、英语语言能力。根据本书的读者群，我推荐普通话量表的北京版本（Gelman & Tardif, 1998; Tardif, 2006; Tardif & Fletcher, 2008; Tardif & Gelman, 1999）。这个量表里有中英双语的选择，还有广东话的选项，适合让国内学习外语的宝宝测算。这个量表还能让父母对比同年龄段孩子的识字量，来测算自己的孩子在同龄人中学习进度是快还是慢。

中英双语的量表，大家可以看这里 https://cora.ucc.ie/handle/10468/9440?show=full

三岁以后的儿童，可以使用皮博迪（Peabody）图片词汇测试系统，一般高校的心理学系里会有，大家可以去咨询。

等孩子上学后，学校会有自己的测量方式，定期向家长报告学生的进度。我们要关注孩子的口齿是否清楚，词汇量是多是少，语法是否正确，对语言的运用是否灵活，知识面广不广等。

问题 35 孩子外语不好也 OK？未来科技、人工智能……是否意味着孩子不用再学外语？

> 孩子外语不好其实也 OK 吗？

OK 啊，为什么不 OK？小国一定要发展经贸往来、组建联盟、增加市场体量。不涉外就是一潭死水。可中国是大国，人口多、市场大，本国蛋糕也能吃饱。如果孩子未来准备在国内发展，并且工作也明确不会涉外，孩子外语好不好确实无所谓，只要能过应试这一关就行。但如果孩子想未来留学、工作涉外，外语不好会多走弯路。

当然，孩子的事是未来的事，而未来的事谁也说不准。哪怕家里有关系、有实力，也常是人算不如天算。电视剧《甄嬛传》中有一段，说的是年羹尧大将军屡屡立功，年家势力渐长，甄嬛不得已向皇上进言，让本已失势的华妃复位。此时心气高洁的沈眉庄已因被陷害假孕一事与华妃水火不容。得知甄嬛竟为华妃说话，眼里哪容得下沙子，误以为昔日的好姐妹变了心，不再想着复仇的事。虽然甄嬛解释这一步棋是不得不下，沈眉庄还是说了一句气话："纵使你步步算计，她也未必走入你的算计之中啊！"

世界格局变化万千，授人以鱼不如授人以渔。给孩子一个信托基金固然好，给他们良好的习惯、品性、三观、技能，能帮到他们的可能更多。

顺便说一句和孩子无关,和我们有关的话。外语好不好,对老人在外生活的限制反而越来越少了。现在有很多老一辈的人,随着孩子到国外养老,不说外语,照样活得滋润。因为大家要么住唐人街、要么住华人聚居区。而且现在华人多的地方,不止有普通话聚居区,广东话、闽南话、上海话、说各种话的聚居区都有。更有甚者,国外政府机构都开始提供外语翻译服务。比如疫情期间,为了更好地把安全指示传达给民众,澳大利亚很多州的州政府都增配了说中文、印地语、阿拉伯语等语言的服务人员。

不过即使如此,很多老人因为生活习惯不一样,或是亲戚朋友多在国内,在外面待了一段觉得不适应、无聊,回国养老也是有的。当然,家里有孩子就又不一样了,祖辈带孙辈,不但不再寂寞孤单,也能给孩子增加母语接触。

➢ 未来科技、人工智能,是否意味着孩子不用再学外语?

说未来先讲过去。在希伯来语《圣经》中,创世记、第十一章,有一个关于为什么世界各地人们说不一样语言的神话故事,叫巴别塔(Tower of Babel)。

在经历了诺亚方舟和大洪水之后,世界重启,一个团结的人类时代随之而来。在那时,所有人都说着同一门语言,聚集在美索不达米亚平原(现伊拉克、叙利亚、土耳其东部地区)一个叫希纳尔的地方，准备建造城市。但与此同时，人们还决定要建一座通天塔(Babel)，中文直接音译叫做巴别塔。他们还做了一个决定，希望这座塔能够高到与天堂相接。但这并不是神想看到的，天堂和人间怎么能接壤呢？于是神就让人们开始说起不同的语言，并把他们散落到世界各地。语言不通，巴别塔也就造不起来了。

这个神话故事里，隐含了一个重要信息：人们交流合作，需要语言。纵观人类历史，人们为了贸易、移居等各种原因，积极学习新语言。当不同地区的人们互相接触，但发现两边语言不能互通时，会以两边的语言作为基础，借用词汇、语法，混在一起，开发出让双方能进行沟通的新语言。

巴别塔的题材被许多画家尝试，反映了人神之别和人对天堂的向往。
画家：Pieter Bruegel the Elder(1563)
图片来源：Wikipedia

有趣的是，形成一门新语言其实非常快，两三"代"人就能做到。在20世纪80年代，中美洲的国家尼加拉瓜在经历革命后，百废待兴。新政府想要增强当地聋哑孩子们的社会生存能力，就把他们聚集在一个学校里。但孩子们不愿意学习老师教的标准手语，而是自己开发了一种全新的手语，在学校里迅速传播。随着新老学生的不断使用，竟快速发展成了一门词汇、语法丰富的完整手语。对这个新语言的跟踪研究表明，孩子们不但有强大的学习语言能力，还能构思、创造、规划语言。

说完了神话和过去，我们来说说未来。既然人类的天性之一是好吃懒做，那肯定也会想把学习语言的任务交给电脑来完成。科技的发展自然也包含了人工智能（AI）语言翻译的研发。这也引出了一个问题：

> ➤ AI语言翻译系统能取代孩子学到的外语系统吗？

部分科学家认为，要用AI语言翻译工具完全取代外语学习，来日方长。因为语言能表达的不仅仅是意思、是想法，还是感觉、是内涵。同一句话，来自不同文化、性别、年龄、背景的人理解出的意思是不同的。比如在中文、日语的使用里，话里有话是很常见的情况。比如在下雨时说天气真好，我们得理解这是反话、笑话，而不是错话。翻译工具很难实现这一点。

但是这些限制并不能阻挡AI语言翻译工具的普及。人类还有一个天性,就是社会性,与他人交流、沟通的渴望,甚至达到能很快创造新语言的程度。当 AI 对语言的翻译互换到了可以让人顺畅交流、沟通的程度时,这类 AI 工具就会快速流行起来。好吧我承认我很懒,动动手下载一个软件,要比学习一门语言快太多了。

而且,表面上看起来对 AI 有些困难的事,比如对外语内涵、深意的理解,完全可以在 AI 翻译工具普及后,通过收集人们对使用工具时所产生的大数据而进行调整、完善。和孩子学语言一样,AI 对外语的翻译也会变得越来越好。我相信,成熟 AI 语言翻译系统的普及,指日可待。那么下一个问题就来了:

➤ 既然 AI 语言翻译系统能取代孩子学到的外语系统,而使用 AI 语言翻译的时代又即将到来,那孩子还需要学外语吗?

我的立场是肯定的。

首先,我们在引言和问题 22 中有提到,学外语能带动孩子整体认知水平的提升。他们的记忆力、集中力等都会因为学外语而带来良性的影响。其实市面上已经能买到能自动弹奏的钢琴,但学琴的孩子还是只多不少。

其次,任何 AI、电子仪器都有限制、有失灵的时候,但是使用自己的大脑则相反,不但不会失灵,反而会因为不断的学习而更加灵活。孩子早早地学外语,就是在早早地锻炼大脑。

最后,AI 的优势是逻辑、是理性,不是感性。人的感情,

AI难以轻松取代。如果在当下过分依靠AI,孩子看待问题的视角会受限,缺少对人类大局观的掌控。这就好像计算器流行以后,孩子的数学水平反而下降是一个道理。孩子的视野更开阔,他们得到了信息后,产生的想法会更多,思考问题会更深入全面,做出的决定会也会更好。孩子学外语,能更好的理解语言更上一层的文化,未来与他人建立信任、沟通合作也能更融洽。

➢ 对远未来的预测

我对AI翻译普及的预测是近未来,其实对远未来也有预测。目前的科技已经允许人们以脑电波传递信息,比如输出一个概念、控制一些设备等。我预测在远未来、太空时代,人们的想法、情绪、语言将通过脑电波直接传播,而不是声波(语言)或光波(手语)。我们现在使用的语言将会退居世界舞台,并将作为文化传统、历史文物而被妥善保存记录在未来的图书馆(也许会叫做"语言馆")、博物馆中。

第四部分
精彩加映

外语资源推荐

语言发展持续不断,从妈妈怀孕时就开始了。宝宝的大脑在母体里已经对声音、光线有所感知。在出生两个月内,他们已经可以区分不同的音素。在五到十二个月之间,他们建立了母语的语音规则。在一岁以后,他们开始不断地学习词汇。在两到三岁时,他们形成了成熟的句法能力。

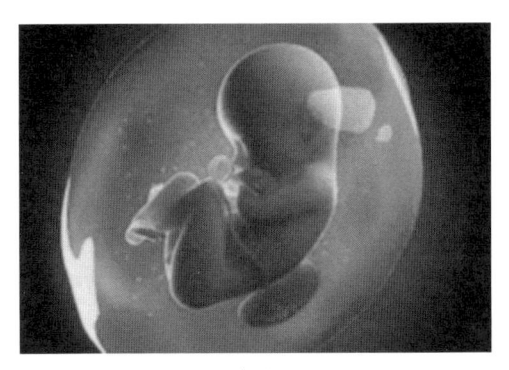

图片来自网络

更多精彩加映,请关注公众号:泉的婴幼儿发展 QuansChildDevel。

我们在寻找合适的外语资源时,要考虑、利用宝宝语言、认知发展的规律。比如宝宝在四到五个月大的时候,话说得稍慢一些能帮助他们更好的理解父母的情绪。不过在他们八个月大以后就不用了。他们从普通的语速里就能感知父母的情感(Panneton et al., 2006)。因此在给不满八个月的宝宝产品选择中,我们可以选择语速稍慢一些的外语产品。

除了外语教育机构。我们身边还有哪些外语资源可以利用?

人是第一资源,可以是家人、朋友或我们自己。每周或每天选一个固定时间,和孩子用外语交流、做游戏,比如角色扮演、情景模拟、魔法幻想,只需要很少的道具,就能玩得尽兴。

亲子陪读,和孩子一起看外语。读物可以包括点读笔、听音乐等功能。牛津树这类读物从两岁左右开始比较好,在两岁前则要寻找适合低龄儿童、带有游玩功能的读物,通过反复阅读来让孩子们记住。

线上资源之外语课,需要注意这几点:有没有试讲让我们看一下适不适合自己孩子,一对一好于一对多,有交流沟通好过单纯听讲,有没有和孩子一起参与的课程。

线上资源之儿童影音读物,比如 Care Bears(https://www.youtube.com/c/carebears),或是付费频道,比如 Disney+,都有儿童学习的内容。这些影音作品一般不适合低年龄段的孩子。年龄大一些,不妨去看外语电视台,或是国内电视台的外语频道。

出门参加公园里的外语角、宝宝的外语小组、外语聚会、图书馆组织的外语活动。参加活动时要有集体意识。孩子哭闹了要暂时离开,等情绪平复了再回来。

网上资源无穷无尽,我们可以自行搜索需要的资源。不论什么资源,都要安全第一。

一是资源物理上安全,比如书本边角不伤手,孩子所处空间安全。

二是资源内容上的安全。父母可以提前扫一遍,杜绝潜藏的暴力、色情内容。不要被资源表象所骗。其中,最需要避免的是成人卡通,一般表现为风格暴力,言辞粗俗。

亲子游戏推荐

和孩子一起玩,能更好的发展孩子的认知能力。我们也可以积极参与到孩子的外语学习中。特别是对外语不熟悉的家长,完全可以和孩子一起重温外语。

美国知名教授 Patricia Kuhl 等学者研究表明,真人互动对一岁前宝宝的教育效果最好

➢ 亲子阅读

用一本符合孩子年龄段的书,给孩子讲一个故事。明天重温这个故事,看看孩子记住了多少,是不是还记得故事里的

人、事或是关键词,一周后再重复一次,一个月后再试一次,看看孩子还能记住多少。

➤ 扩展引申

在与孩子玩玩具时,描述玩具的形状、颜色、大小、状态、移动方式等各种属性,即使面对一个简单的玩具,都要做到滔滔不绝,同时鼓励孩子和玩具互动,多问些问题。

这种引申法可以用在任何情况下,特别是陪孩子出门、逛街时,一个简单的场景都有着无限的可能,对场景内事物人的描述,还能顺便增强孩子的注意力和分析力。孩子两岁前,我们可以尝试用双语向孩子描述周边。孩子两岁后,我们可以和孩子比一比,谁能用双语说得更多,下次换一个环境,再试一试。

➤ 儿歌传承

为孩子唱熟悉的儿歌,包括以前已经学会的歌。对两岁前还不能跟唱的孩子,关注他们对歌曲的感受和专注程度。两岁以后的孩子跟着父母一起唱。和其他游戏一样,每周均可定时重复,促进孩子的音乐、语言、记忆发展。

和外语结合时,我们可以:

一岁以前:准备外语有声玩具,和孩子一起玩。玩具发声后,我们跟着发声。

一至三岁:准备适龄的外语有声读物,和孩子一起看。读物停止朗读时,我们重复读物的内容。

三至六岁:通过互联网或媒体,寻找外语儿歌。儿歌的难度根据孩子的现有外语程度决定(如果孩子完全没有外语基础的,可以选择基础儿歌)。和孩子一起跟唱学习,看谁能先学会。一星期后,和孩子再次比一比,看谁能记得更多。

六岁以后:陪孩子逛英语角,进行外语交流。如果可能,每周重复。

➤ 心智测试

孩子四岁后,问孩子这样一个问题:有个小狗从小在猫咪家里生活长大,它是汪汪叫还是喵喵叫呀?为什么?(看看说喵喵叫的孩子,是否意识到了后天环境对事物的影响。)

➤ 亲社会行为之理解公平

在理解公平上,可以仿照意大利特伦托大学的实验,使用手套木偶做角色扮演的游戏。

游戏名称:两只长颈鹿

适用年龄:一岁到两岁

成人数量:两人或以上

游戏道具:三只手套木偶(两只相同的长颈鹿、一只大象),两块相同的积木

基本流程:步骤一、长颈鹿在两边(一人双手扮演),大象在中间(一人单手扮演),积木分别在长颈鹿下面拿不到的地方。步骤二、长颈鹿分别对大象说:"你能帮我吗?/请你帮帮

我好吗?"步骤三、大象分别帮助两只长颈鹿,把积木送到长颈鹿手里。步骤四、长颈鹿分别对大象表示感谢:"你真好!/谢谢你!"

　　游戏变化点之一:在步骤二,两只长颈鹿对大象的说话内容、方式均相同。而在步骤三,大象很快的帮助一只长颈鹿,但是过了一段时间才帮助另一只长颈鹿(体现出一定程度上的不公平)。在步骤四结束时,我们评论说,大象及时帮助了这只长颈鹿,下次要快点帮助另一只啊。在此变化中,我们要在步骤三给孩子一定的观察时间,同时也给最后的评论打下伏笔。

　　游戏变化点之二:在步骤二,通过语言内容、语调变化或请求重复次数,改变两只长颈鹿需要帮助的迫切程度。同时在步骤三,大象根据迫切程度,相应的首先帮助那只需求更迫切的长颈鹿。在此变化中,我们要注意引导孩子观察步骤二中迫切程度的差别,以及步骤三中大象的反应。

➤ 亲社会行为之助人为乐(游戏一)

　　在帮助孩子早早建立助人为乐的概念上,可以仿照美国华盛顿大学、杨百翰大学、意大利特伦托大学及加拿大多伦多大学等的实验,使用食物、玩具和日常用品做游戏。

　　游戏名称:看,谢谢你的帮忙!

　　适用年龄:一岁前

　　成人数量:一人或以上

　　游戏道具:两只手套木偶(不同动物,如熊猫、河马),宝宝

偶尔用到的玩具或物品(不使用特别熟悉的物品),放入一个盒子中

基本流程:步骤一、熊猫想要一个玩具或物品(左手扮演),但是东西在盒子里打不开。步骤二、熊猫请求河马(右手扮演)打开盒子。步骤三、河马打开了盒子,把玩具/物品交给熊猫。步骤四、熊猫很高兴,感谢河马的帮忙。

游戏变化点:在现实生活中,遇见与帮助相关的行为时,引导孩子注意观察。

➢ 亲社会行为之助人为乐(游戏二)

游戏名称:递送游戏(初级)

适用年龄:一岁前

成人数量:一人或以上

游戏道具:一个孩子单手能抓住的小球,四个一样形状大小相同的方形积木(如乐高)

基本流程:小球作为道具时:把小球放在离孩子较近的位置,我们在平台对面,伸手问孩子要小球,鼓励孩子抓起小球交给我们,并表示感谢。积木作为道具时:把一块积木放在离孩子较近的位置,三块积木放在我们的手边。我们在孩子面前首先将三块积木叠起来,但是还差一块,伸手问孩子要最后一块积木,鼓励孩子抓起积木交给我们,将最后的积木叠起来并表示感谢。

游戏名称:递送游戏(进阶)

适用年龄：一至两岁

成人数量：一人或以上

游戏道具：简易拼图，若干不同类型但类似的玩具（如积木，另一种拼图）

基本流程：把差两块就能拼好的简易拼图与倒数第二块放在离我们较近的位置。把最后一块放在离孩子较近的位置，并在同样的位置放置积木放在我们的手边。我们在孩子面前首先将倒数第二块拼图完成，然后表示还剩最后一块，请孩子帮忙寻找，孩子如果找到错误的拼图，我们可以表达无法放入，并鼓励孩子继续寻找。孩子找到正确的拼图交给我们，我们将拼图完成后，向孩子表示感谢。

游戏名称：递送游戏（高级）

适用年龄：两至三岁（流程一），三至四岁（流程二）

成人数量：一人或以上

游戏道具：食物（流程一）；衣服和水（流程二）

流程一：孩子手边有零食，我们表示饿了，看看孩子是否愿意分享食物。如果孩子愿意分享，我们表示感谢。流程二：事先准备衣服和水放在孩子伸手可及的位置。我们表示冷或者口渴，看看孩子是否愿意帮我们拿取合适的物品（冷对应衣服，渴对应水）。如果孩子拿来，我们表示感谢。

游戏变化点：当客人来家里做客时，让客人表示饿（流程一），冷或渴（流程二），看孩子在陌生人面前反应如何。如果孩子无相应行动，我们不必指正。

结语:为了未来

孩子是家庭、社会的未来。为了孩子,大家要关注家庭、学校、社会三个层面。

在家庭里,我们是孩子的榜样,孩子有样学样。我们在与孩子沟通时,要通过他们的心理、行为变化,察觉他们是否受到了霸凌。现代社会关系复杂,我们都有过负面经历,都有着不同程度的心理问题,但比起我们的上一辈,我们的物质生活已经好了很多。在展望下一代时,我们也希望自己的孩子能得到比我们更好的生活,比我们更聪明,更强健,心理上也更健康、在人生道路上获得更幸福的体验。为了实现这一目标,我们至少要努力试着去克服人性的弱点,走出过去给我们的阴霾,引领孩子树立是非观、责任感,向着更加良好的未来前行。

学校不仅教书、更要育人。孩子的在校经历,也直接关系着他们与社会的未来。老师的言行和家长一样,也会影响孩子的一生。我们要知道,自己信任的老师是个什么样的人、人品如何。作为老师,也要思考自己是否能够尽量做到公平公正,对孩子负责。比如如何让班干部为班级服务,遏制其官本位的想法。在加强孩子思想品德教育的同时,自己如何也能维持操守。教育和医学一样,是一个有着很大责任,需要付出很多,但也很容易走偏的职业。面对巨大的工作压力,教师们需要被理解、被尊重、被体谅,需要得到自己的价值、满足。

人是社会的人。孩子身处什么样的社会,就会受到什么样的影响。社会环境复杂,孩子早熟早精明。社会正能量,孩子也积极乐观。改变社会风气,不是一朝一夕的事。即便如此,为了孩子,大家也要努力,不要不作为。

学校社会、家长老师,归根到底都是人。人有七情六欲,有人就有纷争。大人世界出了问题,才会影响孩子。培养孩子是所有人的事,他们欢乐的童年需要所有人来维系。

我们爱孩子,把他们看做自己的延续。若是自己的孩子和其他孩子有矛盾时,我们总会偏向自家的孩子。这是人的天性、人之常情。但孩子出生在什么样的家庭、社会,并不是他们自己选的。将心比心,每一个孩子都很宝贵。每个家庭都希望自己的孩子有幸福美满、平安和乐的一生。

外语为孩子们提供了扩大交流、理解的能力。如果人与人之间有着更多的理解和尊重,就能更快的实现全人类的和平合作、进步交流。让我们为了所有的孩子、人类的未来携手共进!

笔者文献

Byers-Heinlein, K., Bergmann, C., Davies, C., Frank, M. C., Hamlin, J. K., Kline, M., Kominsky, J. F., Kosie, J. E., Lew-Williams, C., Liu, L., Mastroberardino, M., Singh, L., Waddell, C. P. G., Zettersten, M., & Soderstrom, M. (2020). Building a collaborative Psychological Science: Lessons Learned from ManyBabies 1. *Canadian Psychology*, *61*(4), 349.
https://doi.org/10.1037/cap0000216

Byers-Heinlein, K., Liu, L., & 10+ others. (2021). A multi-lab study of bilingual infants: Exploring the preference for infant-directed speech. *Advances in Methods and Practices in Psychological Science*, *4*(1), 2515245920974622.
https://doi.org/10.1177/2515245920974622

Byers-Heinlein, K., Singh, L., Liu, L. & other contributing authors. (2020). The development of gaze following in monolingual and bilingual infants: A multi-lab study. *Infancy*, *26*(1), 4—38.
https://doi.org/10.1111/infa.12360

Chen, A., Liu, L., & Kager, R. W. J. (2016). Cross-domain correla-

tion in pitch perception, the influence of native language. *Language, Cognition and Neuroscience*, *31*(6), 751—760.
https://doi.org/10.1080/23273798.2016.1156715

Chen, A., Liu, L., & Kager, R. W. J. (2015). Cross-linguistic perception of Mandarin tone sandhi. *Language Sciences*, *48*, 62—69.
https://doi.org/10.1016/j.langsci.2014.12.002

Fikkert, P, Liu, L. & Ota, M. (2020) The acquisition of word prosody. *The Oxford Handbook of Language Prosody*. Oxford University Press.
ISBN: 9780198832232

Kalashnikova, M., ..., Liu, L., ..., & Burnham, D. (Registered Report Stage-1 accepted). The development of tone discrimination in infancy: Evidence from a cross-linguistic, multi-lab report. *Developmental Science*.

Liu, L. (accepted) *Bilingual development in the beginning of life*. Shanghai Academy of Social Sciences Press.
ISBN: TBA

Liu, L. (2014). *The Effects of Bilingualism on Infant Language Development: The Acquisition of Sounds and Words*. Netherlands Graduate School of Linguistics, the Netherlands.
ISBN: 9789460931291

Liu, L., Chen, A., & Kager, R. W. J. (2017). Perception of tones in Mandarin and Dutch adult listeners. *Language and Linguistics*, *18*(4).
https://doi.org/10.1075/lali.18.4.03liu

Liu, L., Chen, A., & Kager, R. W. J. (2020) Simultaneous bilinguals

who do not speak a tone language show enhancement in pitch sensitivity but not in executive function. *Linguistic Approaches to Bilingualism*, *12*(3), 310—346.
https://doi.org/10.1075/lab.19037.liu

Liu, L., Du Toit, M. & Weidemann, G. (2021). Infants are sensitive to cultural differences in emotions at 11 months. *Plos one*, *16*(9), e0257655.
https://doi.org/10.1371/journal.pone.0257655

Liu, L., Götz, A. Lorette, P., & Tyler, M. (2022). How tone, intonation and emotion shape the development of infants' fundamental frequency perception. *Frontiers in Psychology*.
https://doi.org/10.3389/fpsyg.2022.906848

Liu, L., Han, M., & Kager, R. W. J. (2017). Keeping up with the monolinguals: An equal pace of vocabulary development between Dutch monolingual and bilingual infants in the first 18 months after birth. *Dutch Journal of Applied Linguistics*, *6*(1), 41—64.
https://doi.org/10.1075/dujal.6.1.03liu

Liu, L., & Kager, R. W. J. (2015). Bilingual exposure influences infant VOT perception. *Infant Behavior & Development*, *38*, 27—36.
https://doi.org/10.1016/j.infbeh.2014.12.004

Liu, L. & Kager, R. W. J. (2017). Enhanced music sensitivity in 9-month-old bilingual infants. *Cognitive Processing*, *18*(1), 55—56.
https://doi.org/10.1007/s10339-016-0780-7

Liu, L. & Kager, R. W. J. (2017). Is mommy talking to daddy or to me? Exploring parental estimates of child language exposure using the Multilingual Infant Language Questionnaire. *International Journal of*

Multilingualism, 14(4), 366—377.
https://doi.org/10.1080/14790718.2016.1216120

Liu, L. & Kager, R. W. J. (2018). Monolingual and bilingual infants' ability to use non-native tone for word learning deteriorates by the second year after birth. *Frontiers in Psychology*, *9*, 117.
https://doi.org/10.3389/fpsyg.2018.00117

Liu, L., & Kager, R. W. J. (2016). Perception of a native vowel contrast by Dutch monolingual and bilingual infants: A bilingual perceptual lead. *International Journal of Bilingualism*, *20*(3), 335—345.
https://doi.org/10.1177/1367006914566082

Liu, L. & Kager, R. W. J. (2017). Perception of Tones by Bilingual Infants Learning Non-Tone Languages. *Bilingualism: Language and Cognition*, 1—15.
https://doi.org/10.1017/S1366728916000183

Liu, L. & Kager, R. W. J. (2014). Perception of tones by infants learning a non-tone language. *Cognition*, *133*(2), 185—194.
https://doi.org/10.1016/j.cognition.2014.06.004

Liu, L. & Kager, R. W. J. (2017). Statistical learning of speech sounds is most robust during the period of perceptual attunement. *Journal of Experimental Child Psychology*, *164*, 192—208.
https://doi.org/10.1016/j.jecp.2017.05.013

Liu, L., & Kager, R. W. J. (2015). Understanding Phonological Acquisition through Phonetic Perception: The Influence of Exposure and Acoustic Salience. *Phonological Studies*, *18*, 51—58.
ISBN: 9784758920186

Liu, L., Lai, Y-K. R., Singh, L., Kalashnikova, M., Wong, P., Kasisopa, B., Chen, A., Onsuwan, C., & Burnham, D. (2022) The Tone Atlas of Perceptual Discriminability and Perceptual Distance: Four Tone Languages and Five Language Groups. *Brain and Language*, *229*, 105106.
https://doi.org/10.1016/j.bandl.2022.105106

Liu, L., Ong, J., Tuninetti, A., & Escudero, P. (2018). One way or another: Evidence for perceptual asymmetry in pre-attentive learning of non-native contrasts. *Frontiers in Psychology*, *9*, 162.
https://doi.org/10.3389/fpsyg.2018.00162

Liu, L., Robbins, R., Quatropanni, C., & Escudero, P. (2020) Factors affecting infant toy preferences: gender, age, motor factors, experience and parental attitude. *Infancy*, *25*(5), 593—617.
https://doi.org/10.1111/infa.12352

Liu, L., & Weidemann, G. (2017). Is it wise to raise your child bilingually?. *China Language Strategies*, *5*(1), Nanjing University Press. ISBN: 9787305190445

Liu, L., Yuan, C, Ong, J., Tuninetti, A., Antoniou, M., Cutler, A. & Escudero, P. (2022) Learning to Perceive Non-Native Tones via Distributional Training: Effects of Task and Acoustic Cue Weighting. *Brain Sciences*, *12*(5), 559.
https://doi.org/10.3390/brainsci12050559

Liu, L. & Zhang, J. W. (2022) Effects of bilingualism on early childhood language development: a systematic review, new model and implications for family language policy. *China Language Strategies*, Nanjing University Press.

Many Babies Consortium (2019). Quantifying sources of variability in infancy research using the infant-directed speech preference. *Advances in Methods and Practices in Psychological Science*, 3(1), 24—52.
https://doi.org/10.1177/2515245919900809

Zeng, Z., Liu, L., Tuninetti, A., Peter, V., Tsao, F-M, & Mattock, K. (2022). English and Mandarin native speakers' cue-weighting of lexical stress: Results from MMN and LDN. *Brain and Language*, 232, 105151.
https://doi.org/10.1016/j.bandl.2022.105151

Zhang, J. W., & Liu, L. (2019) An Investigation on the Current Mobile Applications of Chinese Language Education. *China Language Strategies*, Nanjing University Press.
ISBN: 9787305225352

参考文献

Bergelson, E., & Swingley, D. (2012). At 6—9 months, human infants know the meanings of many common nouns. *Proceedings of the National Academy of Sciences*, *109*(9), 3253—3258.

Byers-Heinlein, K., & Garcia, B. (2015). Bilingualism changes children's beliefs about what is innate. *Developmental Science*, *18*(2), 344—350.

Corel, J. L. (1975). The postnatal development of the human cerebral cortex. *Harvard University Press*, Cambridge, MA, USA.

Dale, P., Simonoff, E., Bishop, D., Eley, T., Oliver, B., Price, T., ... & Plomin, R. (1998). Genetic influence on language delay in two-year-old children. *Nature neuroscience*, *1*(4), 324—328.

Fifer, W. P., Byrd, D. L., Kaku, M., Eigsti, I. M., Isler, J. R., Grose-Fifer, J., ... & Balsam, P.D. (2010). Newborn infants learn during sleep. *Proceedings of the National Academy of Sciences*, *107*(22), 10320—10323.

Flavell, J. H. (1977). *Cognitive development*. Prentice-Hall.

Hamlin, J. K., Wynn, K., & Bloom, P. (2007). Social evaluation by preverbal infants. *Nature*, *450*(7169), 557—559.

Gelman, S. A. & Tardif, T. (1998). Acquisition of nouns and verbs in Mandarin and English. In E. V. Clark (Ed.), Proceedings of the 29th Annual Stanford Child Language Research Forum (pp. 27—36). Stanford, CA: Stanford University Center for the Study of Language and Information.

Goodwyn, S. W., Acredolo, L. P., & Brown, C. A. (2000). Impact of symbolic gesturing on early language development. *Journal of Nonverbal behavior*, *24*(2), 81—103.

Iannuccilli, M., Dunfield, K. A., & Byers-Heinlein, K. (2021). Bilingual children judge moral, social, and language violations as less transgressive than monolingual children. *Journal of Experimental Child Psychology*, *208*, 105130.

Kuhl, P. K., Tsao, F. M., & Liu, H. M. (2003). Foreign-language experience in infancy: Effects of short-term exposure and social interaction on phonetic learning. *Proceedings of the National Academy of Sciences*, *100*(15), 9096—9101.

Lehtonen, M., Soveri, A., Laine, A., Järvenpää, J., De Bruin, A., & Antfolk, J. (2018). Is bilingualism associated with enhanced executive functioning in adults? A meta-analytic review. *Psychological bulletin*, *144*(4), 394.

Lewis, M. (1977). Language, cognitive development, and personality: A synthesis. *Journal of the American Academy of Child Psychiatry*,

16(4), 646—661.

Linderkamp, F. E., Linderkamp, L. W., & Linderkamp, O. (2021). Are Music Taste and Language Development Influenced by Prenatal Acoustic Experience?. In *Handbook of Prenatal and Perinatal Psychology* (pp.701—706). Springer, Cham.

Lytle, S. R., Garcia-Sierra, A., & Kuhl, P. K. (2018). Two are better than one: Infant language learning from video improves in the presence of peers. *Proceedings of the National Academy of Sciences*, *115*(40), 9859—9866.

Mulak, K. E., Bonn, C. D., Chládková, K., Aslin, R. N., & Escudero, P. (2017). Indexical and linguistic processing by 12-month-olds: Discrimination of speaker, accent and vowel differences. *PloS one*, *12*(5), e0176762.

Paap, K. R., Johnson, H. A., & Sawi, O. (2015). Bilingual advantages in executive functioning either do not exist or are restricted to very specific and undetermined circumstances. *Cortex*, *69*, 265—278.

Panneton, R., Kitamura, C., Mattock, K., & Burnham, D. (2006). Slow speech enhances younger but not older infants' perception of vocal emotion. *Research in Human Development*, *3*(1), 7—19.

Reh, R. K., Dias, B. G., Nelson, C. A., Kaufer, D., Werker, J. F., Kolb, B., ...& Hensch, T. K. (2020). Critical period regulation across multiple timescales. *Proceedings of the National Academy of Sciences*, *117*(38), 23242—23251.

Saffran, J. R., Aslin, R. N., & Newport, E. L. (1996). Statistical learning by 8-month-old infants. *Science*, *274*(5294), 1926—1928.

Saffran, J. R., & Kirkham, N. Z. (2018). Infant statistical learning. *Annual review of psychology*, *69*, 181—203.

Stevenson, J., & Richman, N. (1976). The prevalence of language delay in a population of three-year-old children and its association with general retardation. *Developmental Medicine & Child Neurology*, *18* (4), 431—441.

Suppanen, E., Huotilainen, M., & Ylinen, S. (2019). Rhythmic structure facilitates learning from auditory input in newborn infants. *Infant Behavior and Development*, *57*, 101346.

Tardif, T., Gelman, S. A., & Xu, F. (1999). Putting the 'noun bias' in context: A comparison of Mandarin and English, Child Development, 70, 620—635.

Tardif, T. (2006). The importance of verbs in Chinese. In P. Li (Ed.), Handbook of Chinese Psycholinguistics. Cambridge.

Tardif, T. and Fletcher, P. (2008) Chinese communicative development inventories: user's guide and manual, Beijing: Peking University Medical Press. isbn: 978-7-81116-516-6.

Tuninetti, A., Chládková, K., Peter, V., Schiller, N. O., & Escudero, P. (2017). When speaker identity is unavoidable: Neural processing of speaker identity cues in natural speech. *Brain and language*, *174*, 42—49.

Viala, A., Ota, H., Vacheron, M. N., Martin, P., & Caroli, F. (2004). Les japonais en voyage pathologique à Paris: un modèle original de prise en charge transculturelle. *Nervure*, *5*, 31—34.

Virtala, P., Huotilainen, M., Partanen, E., Fellman, V., & Tervaniemi, M. (2013). Newborn infants' auditory system is sensitive to Western music chord categories. *Frontiers in psychology*, *4*, 492.

Wanrooij, K., Boersma, P., & Van Zuijen, T. (2014). Fast phonetic learning occurs already in 2-to-3-month old infants: an ERP study. *Frontiers in psychology*, *5*, 77.

Weisleder, A., & Fernald, A. (2013). Talking to children matters: Early language experience strengthens processing and builds vocabulary. *Psychological science*, *24*(11), 2143—2152.

Werker, J. F., & Hensch, T. K. (2015). Critical periods in speech perception: new directions. *Annual review of psychology*, *66*, 173—196.

Werker, J. F., & Tees, R. C. (2005). Speech perception as a window for understanding plasticity and commitment in language systems of the brain. *Developmental Psychobiology: The Journal of the International Society for Developmental Psychobiology*, *46*(3), 233—251.

后　记

不管是有选择性的阅读,还是顺着书看到这里,感谢您花时间读完这本书。看下来还有什么疑问？什么建议？请及时反馈给我。

写到这里,口水和脑细胞都已用完,只有无题了。

European Union Horizon 2020, Marie Skłodowska-Curie grant no.798658；
Western Sydney University School of Psychology funding no. 20820 83181.